はじめに

　「企業が反社会的勢力による被害を防止するための指針」に関するアンケート（全国暴力追放運動推進センターのＨＰに掲載されています。ご参照ください。）を読んで思うのは、「痛い目にあわないと動けない」人間の弱さです。
　私は、年始（2009年）にインフルエンザの予防接種を受けました。一昨年インフルエンザに罹患し、41度を超える高熱に苦しんだからです。幸い特効薬のタミフルが劇的に効き、数日間の休養で戦線復帰できましたが、高熱の苦痛と戦線復帰に際しての遅れた仕事の取り戻しの労苦を思えば、予防接種を受けたほうがよほど合理的だということを、痛い目にあってようやく理解できたのです。
　それまでの私には、「現在元気一杯の私が、なぜ病院への往復時間と待ち時間と予防接種費用を投じなければならないの？　時間もお金ももったいない」という考え方しかありませんでした。
　アンケートの中に、反社会的勢力対応部署の設置や不当要求対応マニュアルを作成しない具体的理由として、「反社会的勢力による被害を実際に経験したことがない」というものが相当割合あります。私は「インフルエンザの辛さを知らないな」と思いました。正確に言うと、インフルエンザは数日間苦しむだけで済みますが、反社会的勢力による被害を実際に経験し、万一その対応にしくじればとうてい数日間苦しむなどといった生易しいものではすみません。
　反社会的勢力への対応自体がそれほど難易度の高いものではないとしても、「反社会的勢力という非日常」に突如として対応せざるを得なくなったときに、どれだけの予防策をとっていたかで、対応の巧拙は大きく変わってくるものです。
　反社会的勢力への政府指針が発信されたとき、「特に目新しいことはないのでは？」という声も聞かれましたが、やはり「国」が掛

け声をかける効果は少なくありませんでした。現に、多くの企業で政府指針への対応が着々と進んでいるようです。

　反社会的勢力への対応の中核は、その予防対応にあります。自社の対応策（予防・臨床）の再点検、再構築を行うきっかけとなる「政府指針」が発表された今こそ好機到来です。

　私のように「痛い目にあわないと動けない」というようなことがないよう、ぜひこの好機を活かしていただきたいと願うところです。この好機を活かすことこそ、企業が社会的責任（ＣＳＲ）を果たすことのスタートといっても過言ではないのです。「反社会」という肩書のつく勢力との関係遮断ができずして「社会的責任」が果たせるはずがないからです。

　最後に、このような機会を与えてくださった経済法令研究会の小西新一氏、金子幸司氏、そして私が弁護士になった当初から様々な的確なアドバイスと勇気を与えてくださった全国暴力追放運動推進センター担当部長・警視庁暴力団対策課第八代課長中林喜代司氏、今井和男弁護士に心から謝意を表したいと思います。本当にありがとうございました。

※なお、本書での見解は筆者個人の見解で、筆者の所属するいかなる
　団体の見解を表明するものではありません。

2009年2月

弁護士　森原　憲司

CONTENTS

はじめに

序章　14年間のミンボー対応……5

第1章　政府指針について……12

第2章　政府指針総論……14

第3章　政府指針各論……26

第4章　Q＆Aで理解する　反社会的勢力に対する基本姿勢……45

第5章　Q＆Aで理解する　反社会的勢力との対応法……56

第6章　Q＆Aで理解する　具体的ケースとその対応法……66

第7章　Q＆Aで理解する　相手方代理人のチェックと対応法……83

▶資料編◀
- 企業が反社会的勢力による被害を防止するための指針
- 企業が反社会的勢力による被害を防止するための指針に関する解説
- 主要行等向けの総合的な監督指針（抜粋）
- 都道府県暴追センター一覧表

CONTENTS

★コラム
①「コンプライアンス」という概念の進化……18
②実査で初めてわかること……42
③苦い経験……46
④毅然とした対応……50
⑤反社会的勢力対応に特別な能力は要求されない……60
⑥青鬼が赤鬼を殴りつけた！……76
⑦「ふざけるな」と言われたとき、私たちは「ふざけている」のでしょうか？……79

●参考例
・銀行取引約定書に盛り込む場合の暴力団排除条項の参考例について（全国銀行協会）……33
・代理人に関する確認シート〈例〉……86

序章　14年間のミンボー対応

1　正義の味方Ｉ弁護士

「先生、怪しげな団体の名刺を持った人たちが、債務の返済に関して無理難題を言って、3時間も応接室に居座っています。担当者はもう限界です」。

このようなクライアント金融機関からの一報を受けて、私がかつて在籍していた法律事務所の所長Ｉ弁護士は、「森原君。もめてるようだ。さあ、行こう」静かにそう言って事務所を出て行きます。

クライアントのもとに到着すると、担当者らが、どういう素性の訪問者なのか、どういう不当要求をしているのか、を説明します。Ｉ弁護士は歩きながら、「今、中にいるんですよね」とだけ言って、訪問者の素性や要求内容など全く興味がないといったふうで、躊躇なく応接室に入っていきます。

2分後、不当要求者らはおずおずと部屋を出て行き、そのまま会社から立ち去っていきます。

これが、14年前、私が弁護士になったときに所属していた法律事務所におけるごく当たり前の光景でした。私には、Ｉ弁護士がほとんどウルトラマンか仮面ライダーに見えたものでした。

無法者の怪獣や改造人間も、正義の味方の登場で一網打尽です。これを生身の人間がやっているわけですから、私にはまるで手品を見るようでした。

2　ミンボー対応はヒロイックなものではない！

　16年前に東京弁護士会で司法修習を行っていた私は、縁あって、Ｉ弁護士の法律事務所にお世話になることになりました。そのときＩ弁護士に言われたのは、「弁護士ならミンボー対応はできて当たり前。ミンボー対応は選択科目ではなく必修科目。清々粛々と愚直に対応しなさい」ということです。清々粛々と愚直に対応せよと言われても、最初は「そんな対応では埒が明かないのでは？」と思いました。しかし、先に紹介しましたＩ弁護士の手品のような鮮やかな対応を、幾度も目の当たりにしてわかりました。そこには、本当に種も仕掛けもなかったのです。「清々粛々とした愚直な対応」しかなかったのです。

　弁護士になりたての当時、手品のように見えた鮮やかな対応も、数か月たてば、「清々粛々とした愚直な対応」と「こんな無茶苦茶は許せない、という当たり前の正義感」さえあれば、Ｉ弁護士ほど鮮やかではなくとも、誰にでもできることかもしれないと、しだいに思えるようになりました（数か月の間に、何十件ものミンボー対応を実践できたからですが）。

　ミンボー対応は、当初、私が感じた、ウルトラマンのような特別な力を持ったヒーローだけがなせる業ではありません。弁護士なら誰でもできなければならないし、基本を押さえて、しかるべき連携をとれば弁護士資格の有る無しにかかわらず、できることではなかろうかとすら思います。ミンボー勢力にとって、警察と弁護士だけが面倒な存在ではなく、市民一般が面倒な存在になれば、彼らの好き放題は自ずと抑制されることになります。

　弁護士になりたての私にとって、ヒロイックな色彩のあったミンボー対応は、瞬く間にＩ弁護士の述べたとおりの清々粛々とした愚

直な対応となりました。

3　ミンボー対応からハンシャ対応へ

　十数年の時が流れて、最近ではミンボー対応というより反社（ハンシャ）対応と呼ぶほうがスタンダードになってきました。とはいえ、反社対応も、基本は従来のミンボー対応と変わるものではありません。すなわち清々粛々とした対応です。ただ、その手口は変容しています。また政府も、積極的に反社対応について言及しています。反社対応の基本を押さえるとともに、近時の反社勢力の動向等についても理解を深めておくことは、これからの対応において重要なことといえるでしょう。

4　反社会的勢力が恐れているのは金融商品取引法？

　総会屋が、株主総会で「議長！　おまえが答えろ！」などと大声で怒鳴りつける場面はめっきり少なくなりました。たしかに私の実感としても、最近では、倒産事件あるいは競売事件に絡んで、いかにも正業を営んでいないふうの人物が交渉現場に現われるといったことはほとんどありません。

　10年ほど前には、私自身少なくとも1週間に1回は、債権者と称したり代理人と称する、いわゆる「反社会的勢力」との現場対応がありました。最盛期には、1日に3度も反社会的勢力と接したこともあります。あるいは、一度に10人くらいの刺青を背負った面々に取り囲まれたこともあります。

　毎回、非常に怖かったです。ひとえに恐怖を凌駕（りょうが）する怒りと使命感だけで、重い足を引きずって現場に向かったものです。

　そのような「反社会的勢力」との折衝場面が減ったのは、決して反社会的勢力のパワーが減少したからではないと思われます。様々

な理由があるでしょうが、ひとつの理由は、彼らの金儲け（シノギ）のやり方が10年前と変わってきたということがあります。

恫喝や威力を用いて、債権カットを要請するような場面が激減したということは、多くの弁護士が述べるところです。暴力と恐怖を行使することに伴う検挙リスクを回避して、生き延びる策を模索しているのです。

「反社会的勢力」が暴行罪や覚せい剤取締法で検挙されることを畏れていることは今も昔も変わるものではありません。現在では、「金融商品取引法」違反での検挙を畏れている者も少なからずいます。株価操縦やインサイダー取引は、今や彼らの重要なシノギと言われています。

このことは、私たちのビジネスのすぐ傍に彼らがいるかもしれないことを示しています。真っ当な企業活動を行っている金融機関にあっては、覚せい剤取締法など全く縁がないはずです。

ところが、金融商品取引法と無縁の金融機関など存在しません。これからは、真っ当なビジネスと考えて接点を持っていた相手が反社会的勢力だった、という場面も少なからず出てくることでしょう。最悪なのは、取引の相手方ないし利害関係人として登場する彼らに、知らずして経済的利益を与えることです。ここに取引先の属性に関する情報の重要性が浮上してきます。

他方で、暴力や威嚇によって無理難題を押し付けるケースが減少傾向であることをもってひと安心かというと、そうではありません。ひとつは、属性として反社会的勢力とカテゴライズされる者らの、暴力を前面に押し出した要求行為が減少傾向にあるとしても、彼らのベースにあるものは、暴力であることに変わりはないということです。

5　一般市民のハンシャ的な振る舞い

　もうひとつ重要なことは、ハンシャ的行為に着目したときに、属性として反社会的勢力にカテゴライズされない人々（要するに「一般市民」のことです）が、非常に悪質な行為に手を染めるようになったということが言えます。

　先日、ある県庁から「行政対象暴力への対処法」の研修を依頼されました。その準備のため、事前に送付された「最近の県内の事例集」を拝見して、私は愕然としました。そこには、普通の市民が県の職員を殴ったり脅したりするケースが続々と登場するのです。この現象を社会学的にコメントする能力は私にはありません。しかし厳然たる事実として、暴力的な要求行為が一般市民においてなされるのであれば、それについてもきちんと対処することが企業防衛として求められるところです。

　「企業が反社会的勢力による被害を防止するための指針」（平成19年6月19日　犯罪対策閣僚会議幹事会申合せ。本書では「政府指針」と呼称します。「資料編」に収載）において、「『反社会的勢力』をとらえるに際しては、暴力団、暴力団関係企業、総会屋、社会運動標ぼうゴロ、政治活動標ぼうゴロ、特殊知能暴力集団等といった属性要件に着目するとともに、暴力的な要求行為、法的な責任を超えた不当な要求といった行為要件にも着目することが重要である。」（下線筆者）として、属性要件と行為要件を示しているのも、社会の実態に即したものではないかと考えられます。

6　実践的ハンシャ対応で身に付けたこと

　私は、本年（2009年）弁護士15年目を迎えますが、今日まで、本当にたくさんの反社会的勢力対応を行ってきました。とりわけハ

ンシャ対応に追われ続けていた10数年ほど前は、金融機関の不良債権処理のピーク時です。不良債権処理の一環として実施された競売手続の様々な場面に、反社会的勢力が大挙して押し寄せてきました。今考えると、実に異常・異様な時代でした。もちろん当時は、「異常なことだ」などと考える余裕もなく、次々と現われる明らかに堅気ではない面々と折衝し、それで話がつかなければ法的手続を繰り返していました。

　しかし今考えると、この数多くの対応は無駄ではなかったと思えます。もっとも有意義と思えるのは、反社会的勢力の思考パターンや行動パターンが見えてきたことです。

　ヤンキースの松井選手が渡米した1年目は、日本の球界ではめったに見られない変化球に苦しみました。しかし、その球筋を読みきった以降の松井選手の成績は、皆様がご存知のとおりです。見たことのない球は打ち返せないのです。反社会的勢力に脅された経験など、普通に暮らしている人にはありません。未体験ゾーンに連れ込まれるから、皆様も打ち返すことが難しくなるのです。反社会的勢力の思考パターンと行動パターンを知ることの意義はとても大きいのです。

7　長い前口上の終わりに

　幸か不幸か、15年余り「普通の暮らし」ではなく「非日常の暮らし」を経験してきました。このたび経済法令研究会から、事件が特定されない範囲でかまわないので、少しでも多くの実体験を踏まえたものを書いてほしい旨のリクエストをいただきました。対応自体はつたないものの、数だけは多い私の経験が皆様のお役に立てればという思いで、本書を執筆いたしました。

　私自身の個性で切り抜けた話は読み物としては面白いかと思いま

すが、それはあくまで私の個人技ともいうべきものです。真に皆様のお役に立つ汎用性あるもの以外はすべてカットしました。私自身が経験し、かつ効果があり、かつ私でなくとも誰でも実践できることだけ（ただし、「暴力は、絶対に許さない。大嫌いだ」というマインドは最低限必要です）を記してあります。皆様の所属される企業の有事に際して、私の非日常の暮らしを通じて経験したあれこれがお役に立てれば幸甚です。

第1章　政府指針について

　平成19年6月19日に政府の犯罪対策閣僚会議幹事会申合せとして、政府より出された「企業が反社会的勢力による被害を防止するための指針」については、金融検査マニュアルや監督指針（「資料編」に収載）にも織り込まれているので、皆様も大変注目されていることでしょう。

　内容については、従来経済界をはじめとする各方面で提唱されてきた、反社会的勢力との関係遮断に関する議論を超越した「超目玉」の対応法が示されているわけではありません。考えてみれば、反社会的勢力への基本対応は、全国暴力追放運動推進センター（「暴追センター」）も従来から繰り返し提唱しています。そこで述べられている清々粛々とした愚直な対応が、AtoZであるといっても過言ではないわけですから、政府指針においていきなり超目玉の対応法が出てこないのはむしろ当然のことです。

　しかし、単に「政府が後追いで何か言っているらしい」といった皮相な見方は厳に慎むべきです。政府が正面きって、企業が反社会的勢力による被害防止について、声をあげたという社会的事実は、はかり知れないほど大きな意味を持つものと考えられます。詳細は後述しますが、平成19年に政府指針が発表されたという社会的事実は、企業の反社会的勢力との関係遮断に向けた取組みが十分であったかどうかを判断するときの、重要なファクターとなると受け止めるべきです。

　環境変化にどのように対応できるかは、ダーウィンの進化論を持

ち出すまでもなく、多くの企業経営者が、企業の生き残り戦略の中核となるものであることを自覚しています。

　2008年9月に米国発で始まった世界的な金融危機が喫緊の急激な環境変化であり、それに向けた対応の重要性は誰も否定しません。

　しかし、企業の生き残りは、最重要課題に特化して対応すれば、適確に実現できるといった簡単なものではありません。並行して、複数の環境変化に対して適確に対応することは、避けて通れないのです。世界的な金融危機によって、平成19年に発表された政府指針の重要性が相対的に低下することがないよう、しっかりと金融機関を取り巻く環境変化をウォッチいただきたいところです。

生き残るものは最強の種ではない。
最も高い知能を有している種でもない。
最も敏感に変化に反応する種である。
　　　チャールズ．R．ダーウィン

第2章　政府指針総論

1　政府指針について

　金融検査マニュアルの「法令等遵守態勢の確認検査用チェックリスト」の「Ⅲ個別の問題点」中に、「反社会的勢力への対応」の項目があります。監督指針にも、「反社会的勢力による被害の防止」が盛り込まれています。
　この一連の動きの背景にあるものは、既述の「政府指針」です。監督指針には、政府指針がほぼそのまま導入されています。

2　政府指針のメッセージ

　政府指針は、先述のとおり、一見すると従来から経済界において提唱されていた反社会的勢力対策（日本経団連「企業行動憲章実行の手引き」など）と見比べたとき、さほどの新規性はないようにも思えます。
　しかし、政府指針は大変重要なメッセージを内包していると考えられます。それは、次の一文に端的に現われています。
　「特に、近時、コンプライアンス重視の流れにおいて、反社会的勢力に対して屈することなく法律に即して対応することや、反社会的勢力に対して資金提供を行わないことは、コンプライアンスそのものであるとも言える」。

3　政府指針のメッセージ後段について

　この文章の後段は、株主の権利の行使に関する利益供与の罪に代表される明白な法令違反を伴う資金提供も含まれますが、単に利益供与だけを指して「資金提供」といっているわけではありません。「どのような形態であれ反社会的勢力に資金が流れるようなことをしないことは、コンプライアンスそのものだ」と述べているのです。

4　先のメッセージ前段について

　この文章の前段は、さらに重要なことを述べています。
　「反社会的勢力に屈することなく法律に即して対応する」とありますが、ここでいう「法律」とは何を指すのでしょうか。もちろん、反社会的勢力を視野に入れた「組織的な犯罪の処罰及び犯罪収益の規制等に関する法律」（組犯法）や、「犯罪による収益の移転防止に関する法律」（犯収法）は、先の「法律」が想定するものですが、それに留まるものではないと解するべきです。
　例えば、後に詳説する、『反社会的勢力の遮断を適切に行わなかったこと』をもって、取締役の善管注意義務違反が問われた「蛇の目ミシン事件」最高裁判例が示す規範に照らすまでもなく、善管注意義務違反という法規範は、ここでいう「法律」に当然含まれるものです。
　善管注意義務が含まれるということは、いわば取締役や監査役が経営判断に参画するすべての事項について、「反社会的勢力に対して屈している」という謗りを受けるような判断となっていないか。それについて、善良なる管理者として注意義務を果たさなければならないということになります。

このように考えると、「反社会的勢力に対して屈しない」ということは、「反社会的勢力に対して資金提供を行わない」ということと較べると、禁止事項が「屈しない」という包括的なものということもあり、実は非常に難しい課題を提起されたと認識すべきものなのです。

5　政府指針に法的拘束力はない？？？

ところで、政府指針の解説（「資料編」に収載）(1)には、「本指針の対象や法的性格」として「本指針は、あらゆる企業を対象として、反社会的勢力による被害を防止するための基本的理念や具体的な対応を定めたものであり、法的拘束力はない。」（下線は筆者。以下同じ）と述べています。

「反社会的勢力に屈することなく法律に即して対応することがコンプライアンスそのものだ」と力強く述べたかと思うと、それは「理念」だというのです。解説(1)と指針を併せ読むと、『本指針は、法的拘束力はなく理念であるが……反社会的勢力に屈することなく法律に即して対応することは、コンプライアンスそのものだ』ということになるので、ある種パラドックスのような感じもします。

「コンプライアンスそのもの」とまで言われたら、例外なく反社会的勢力に屈することなく法律に即した対応をすべしと言っていると、受け止めるのが自然です。しかし、解説では「理念」というのだから例外もあるのかなと受け止めることも自然なことです。

コンプライアンスを単に「法令遵守」と最狭義に解するならば、パラドックスとなる余地もあるかもしれません。

> 反社会的勢力に屈せず法律に則した対応＝コンプライアンスそのもの
> 　↑　【指針】ハンシャに屈せず法律に即した対応は、まさに「法令遵守」？？
> 　？　【解説】ハンシャに屈せず法律に即した対応（法令遵守）は理念？？
> 　↓　　　　　　⇒では、コンプライアンスは理念なのか？？？
> 政府指針は理念であり法的拘束力はない

　しかし、コンプライアンスを狭義の「法令等遵守」と解するならば矛盾なく説明できます。どの企業にも、「企業理念」「行動規範」「行動憲章」あるいは「反社会的勢力に対応する指針」等に、「反社会的勢力とは一切の関係遮断を行う」といった条項があるはずです。それらも「法令等」の「等」としてコンプライアンスを構成することになるので、「法律に即して対応する」は「法令等に即して対応する」ことにほかなりません。「企業理念」にまで法的拘束力を及ぼそうという議論はないはずです。まさに各社の自己責任・私的自治が妥当する分野だからです。

　それどころか、コンプライアンスをＣＳＲも視野に入れてより広義の意味付けをもった『法令等遵守を最低限実践しながら、さらに社会の要請に適合した自己責任に基づく行動選択を行うこと』と解するならば、反社会的勢力を支援したり利用する市民が多数派となるはずがない我が国において、「法律に即して対応する」ということは、「社会の要請に適合した対応をする」ということにほかなりません。

　そして「社会的要請に適合した行動選択」は、まさに各社の自己責任・私的自治、さらにいえば企業のあり方に関わる議論にほかならないので、法的拘束力を観念する必要はありません。

●コラム①　「コンプライアンス」という概念の進化

　相次ぐ企業不祥事や、経営破綻の処方箋のひとつとして登場したコンプライアンスは、登場した時点では「法令遵守」と非常に狭く理解される場面も散見されました。法令に基づく経営というより、実態は行政とのあうんの呼吸のなかで、あるいはこと細かな指導のなかでなんとかやってきた経営の判断軸として、「自己責任の時代となった以上は、少なくとも『法令』くらいはきちんと守りましょう」という必要があったのです。

　この考え方は、コンプライアンス導入時には一定の役割を果たしたかもしれません。「コンプライアンスを、きちんとやらないと潰れるよ。怖いでしょ。だからしっかりコンプライアンスをやりましょう」といったアプローチです。このようなコンプライアンスの捉え方を、便宜上「最狭義のコンプライアンス」と称します。

　しかし、法治国家で法令を遵守して経営することはあまりに当然のことです。また、「法令を守っているのだから、文句はないだろう」といったおかしな議論も聞かれるようになり、コンプライアンスを単なる「法令遵守」ではなく、「法令等遵守」と理解する考え方が急速に浸透していきました。「倫理コンプライアンス規定」などという言葉も、しばしば聞かれるようになりました。「法令等」の「等」の中に、社内ルールや倫理的な事項が盛り込まれるようになったのです。このようなコンプライアンスの捉え方を、便宜上「狭義のコンプライアンス」と称します。

　その後、ＣＳＲ（企業の社会的責任）の議論が台頭してくるなかで、コンプライアンスを考えるにあたっても「企業の社会的責任」という考え方が影響を与えるようになってきました。企業にとって、法令等を遵守すること自体が自己目的となるわけではありません。法令等を遵守することは、法治国家たる日本でビジネスを営む以上当然のことです。そのこと自体をもって、特別な価値を生じさせるわけではありません。法令等を遵守し適切なリスク管理を行ったうえで、社会に対して創造的な価値を提供することまで企業は求

められているのです。

そこで最近では、コンプライアンスを「法令等遵守を基礎におき、社会の要請に適合した自己責任に基づく行動選択を行うこと」といったように、より積極的な概念としてコンプライアンスを広義に捉える考え方が多くなってきました。このようなコンプライアンスの捉え方を、便宜上「広義のコンプライアンス」と称します。

> 法令遵守…最狭義のコンプライアンス
> 法令等遵守…狭義のコンプライアンス
> 法令等遵守＋社会の要請に適合した自己責任に基づく行動選択…広義のコンプライアンス

6　反社会的勢力は市民ひとり一人の敵であり社会の敵

つまり、法令を待つまでもなく、反社会的勢力に屈したり資金提供を行うなどということは、真面目に生きている人たちからすれば、ＤＮＡに拒絶遺伝子が組み込まれているも同然のあるまじきことなのです。

暴力を振るわれたり振るっている現場に居合わせる、恫喝されたりその現場に居合わせることは、たまらなく嫌なことです。そのようなたまらなく嫌なことをして、人が築きあげてきた幸福を眉ひとつ動かすことなく、何の胸の痛みも感じることなくぶち壊し、人間の尊厳と自由を、暴力と恐怖で蹂躙（じゅうりん）し、自らの欲望の追求だけに全力投球するような勢力に屈することは、明らかに「社会の要請に適合した（自己責任に基づく行動選択）」とはなりえません。

単に法令に即する対応に留まらず、そのような社会的要請（この言葉は幅のある概念ですが、こと反社会的勢力の遮断については、社会的合意がなされた明確な概念といってよいでしょう）、あるい

は社会的要請を企業単位に落とし込んだ「企業理念」等に即した対応までをも、政府指針が予定するのであれば、法的拘束力を求めることができないのは、ある意味当然のこととともいえます。

「企業理念が遵守されていなければ、法的なペナルティを課す」などということが行き過ぎであることは明らかです。

法令遵守は市場参加の資格要件にすぎません。社会的存在である企業は、法令遵守に留まらず、法的な拘束力がなくとも社会的要請に適合した行動選択を求められています。反社会的勢力対応について、「法的拘束力がない」と指針解説が記していることをもって、「そうか！　我が社なりの取組みをすればよいのだな！」などと受け止めるとするならば、それは大きな誤解です。政府指針が発表された以降、こと反社会的勢力との関係遮断に関して、企業が日本の社会のなかで採るべき行動選択は自ずと決まってくるはずです。

7　本当に政府指針に法的拘束力はないのか？？

「反社会的勢力に対して屈することなく法律に即して対応することや、反社会的勢力に対して資金提供を行わないことは、<u>コンプライアンスそのものである</u>と言える」。とまで言い切りながら、解説で「本指針は<u>理念</u>だ」と言われたときの表面的な疑問は、先のようにコンプライアンスという概念の理解の仕方により、例えば「コンプライアンスそのものである」という記述を、「コンプライアンス＝社会の要請そのものである」と解することにより、氷解できる疑問です。

「反社会的勢力に対して屈することなく法律に即して対応することや、反社会的勢力に対して資金提供を行わないことは、社会の要請そのものと言える」という説明に、違和感を感じる人はいないでしょう。

第2章　政府指針総論

　しかし、政府指針は非常に深みのある語り口が随所にあり、そこが晦渋(かいじゅう)であるといった指摘も生むところです。指針解説(1)第一段落で「理念だ。法的拘束力はない」と明言しながら、その直後の第三段落では「法的拘束力はないが、例えば、取締役の善管注意義務の判断に際して、民事訴訟等の場において、本指針が参考にされることなどはあり得るものと考えている（例えば、東証一部上場のミシン等製造販売会社の取締役に対する損害賠償請求訴訟における最高裁判決（平成18年4月10日）が参考となる）」。などと特定の最高裁判例まで示しています。非常に意味深です。

　この蛇の目ミシン事件最高裁判決は、取締役が適切に反社会的勢力の排除を行わなかったことをもって善管注意義務違反を問われた事件です。取締役を免責した2001年3月29日の第一審、2003年3月27日の控訴審判決を、2006年4月10日の最高裁判決は、取締役らの無過失の主張を退けました。ここで、一度蛇の目ミシン最高裁判決を振り返ってみることとします。

【蛇の目ミシン最高裁判決】
　この事件は、蛇の目ミシン工業株式会社（以下「蛇の目ミシン」といいます。）の株を買い占めて同社の取締役となった著名なグリーンメーラーとして知られるAが、蛇の目ミシンの株式を暴力団の関連会社に売却するなどとして同社の役員らを脅迫して、株式の売却を取りやめてもらう代わりに、Aの要求する300億円を融資金名目で交付させたというものです。
　Aの脅迫の内容は、「新株主（売却予定先の暴力団関連企業）は、蛇の目ミシンにも来るし、（メインバンクの）S銀行のほうにも駆け上がっていく。とにかくえらいことになったな」「大阪からヒットマンが2人来ている」といった、会社にとっても取締役一個人と

しても大変な恐怖を覚える内容のものでした。

控訴審の判決は、取締役の善管注意義務について明瞭な論理を展開しています。

「いかに脅迫されているとはいえ、蛇の目ミシンにとって、外部に対して全く理由が立たず、かつ返済の目当てのない300億円を融資の形で利益供与することは、会社としてはできないことであって、これを認めた他の取締役も、<u>本来的には</u>責任を免れない。被上告人らには、取締役として上記利益供与を行ったことについて、<u>外形的には忠実義務違反、善管注意義務違反</u>があったということができる。」

返済のあてのない300億円を交付した以上、善管注意義務違反だと論理立てているわけですから、ここまでは非常にわかりやすい話です。

ところが、判決は続けて、

「前記のごときＡのこうかつで暴力的な脅迫行為を前提とした場合…それは誠にやむを得ないことであった。以上の点を考慮すると…取締役としての職務遂行上の過失があったとはいえず、被上告人らは商法266条1項5号…」と述べています。

善管注意義務違反を認定するにあたって、「本来的には」「外形的には」などと、妙に慎重な言い回しをしていた理由がここでわかります。

法的には責任は否定できないが、『でも可哀想だよ。ヒットマンが来ているとまで言われたんじゃ、仕方ないよね』という同情によって責任を否定したわけです。この同情論には心情的に共感できる側面はあります。しかし、「命まで狙うぞ」という酷い脅しがあれば免責されるということになれば、反社会的勢力はさらに激烈な脅しをかけてくる可能性が高まります。

すなわち、『役員さん心配しなくていいよ。殺されると言われたんだから、あなたは被害者。裁判所も被害者となった役員は守ってくれたから、株主代表訴訟も心配しなくていいよ』などと囁かれることになるのではないでしょうか。これでは「法の支配」ではなく「暴力の支配」になってしまいます。

　▶最高裁の判断◀
　最高裁の判断は「法の支配」を徹底した明快なものです。
　「証券取引所に上場され、自由に取引されている株式について、暴力団関係者等会社にとって好ましくないと判断される者がこれを取得して株主となることを阻止することはできないのであるから、会社経営者としては、そのような株主から、株主の地位を濫用した不当な要求がされた場合には、法令に従った適切な対応をすべき義務を有するものというべきである。前記事実関係によれば、本件において、被上告人らは、Ａの言動に対して、警察に届け出るなどの適切な対応をすることが期待できないような状況にあったということはできないから、Ａの理不尽な要求に従って約300億円という巨額の金員をＩ社（暴力団関連企業）に交付することを提案し又はこれに同意した被上告人らの行為について、やむを得なかったものとして過失を否定することは、できないというべきである。」
　上場企業である以上、株取引を通じて反社会的勢力が介入してくることを、完全にシャットアウトすることは現時点では非常に困難です。そういう特性が上場企業にある以上、上場企業の取締役たる者の法的責任は非常に重いことを、この最高裁判決は述べているのです。
　ただひとつ引っかかることがあります。この事件で善管注意義務違反と認定された経営判断は、1988年（平成元年）当時の判断で

す。その当時の企業と反社会的勢力との関係はどのようなものだったのでしょうか。

　残念ながら企業にとって、反社会的勢力とのお付合いは「必要悪」という認識が払拭されておらず、トラブルを「金」で解決するといったことも皆無ではありませんでした。しかし、当時の企業を取り巻く環境がどうあれ、最高裁は約20年たった現在の企業を取り巻く環境（反社会的勢力との関係遮断は当然のこと）に即した判断をしたわけです。

　約20年前になされた経営判断が「反社会的勢力排除義務違反」だとされた以上、2009年現在の経営判断は、「<u>政府指針があるというのに、反社会的勢力排除についてあなたの会社では、いったいどういう認識を持っているんですか</u>」という問いに、明確な説明責任を果たせるものでなければならないことは必定です。

　すなわち、政府指針に法的拘束力はないといっても、法的責任の有無を判断するときの重要な社会的事実となることが明らかな政府指針は、<u>事実上法的拘束力がある</u>といっても過言ではないのです。

　最新の出版物に、元最高裁才口千春判事のインタビュー記事が掲載されていました。そこで才口判事は、「昨年『企業が反社会的勢力による被害を防止するための指針』が出されるなど、現在暴排の機運が高まっていますが、このような世間の動きが、最高裁判所の判断に影響を与えることはあるのでしょうか」という問いかけに対して、「もちろん、最高裁判所は、国民や社会が何を考えているか良く見ています」と答えています（東京弁護士会・法曹同志会会報第238号）。この元最高裁判事の回答、金融庁が監督指針に政府指針を反映させている事実が、まさに今日企業を取り巻く環境を構成する考え方や事実に他ならないのです。

8　司法が企業を取り巻く環境変化をきちんと意識している実例

　最後に「企業を取り巻く環境変化」を裁判所が判断の材料に取り込んだ実例を紹介します（神戸製鋼株主代表訴訟和解所見）。

　「取締役は‥（中略）‥内部統制システムを構築すべき法律上の義務があるというべきである。とりわけ、平成3年9月、経団連によって企業行動憲章が策定され、社会の秩序や安全に悪影響を与える団体の行動にかかわるなど、社会的常識に反する行為は断固として行わない旨が宣言され、企業の経営トップの責務として、諸法令の遵守と上記企業行動憲章の趣旨の社内徹底、社員教育制度の充実、社内チェック部門の設置及び社会的常識に反する企業行動の処分が定められたこと、また、平成7年11月、企業における総会屋に対する利益供与の事実が発覚して社会問題となり、上記経団連企業行動憲章が改訂され、上記に加えて、企業のトップが意識改革を行い、総会屋等の反社会的勢力、団体との関係を絶つという断固たる決意が必要であり、これについては担当部門任せでない、組織的対応を可能とする体制を確立する必要があり、従業員の行動についても『知らなかった』ですませることなく、管理者としての責任を果たす覚悟が必要であるとの趣旨の宣言が追加されたこと、さらに、平成9年6月には特殊暴力対策連合会から、神戸製鋼所を含む我が国の主要各社に対し総会屋との絶縁要請書が送付されたこと等からも明らかなとおり、上記の内部統制システムを構築すべき義務は社会の強い要請に基づくものである」。

　経団連の企業行動憲章の存在を「社会の強い要請」の基礎事実と捉えていることは明らかです。「政府指針」が公にされた事実そのものがとてつもない重みを持っていることを示すものと言えるでしょう。

第3章　政府指針各論

1　反社会的勢力とは何か？

　政府指針において、「反社会的勢力」は次のように記述されています。

　「暴力、威力と詐欺的手法を駆使して経済的利益を追求する集団又は個人である『反社会的勢力』をとらえるに際しては、暴力団、暴力団関係企業、総会屋、社会運動標ぼうゴロ、政治活動標ぼうゴロ、特殊知能暴力集団等といった属性要件に着目するとともに、暴力的な要求行為、法的な責任を超えた不当な要求といった行為要件にも着目することが重要である」。

　属性要件に関する定義については、組織犯罪対策要綱によれば次のとおりです。

　暴力団…その団体の構成員（その団体の構成団体の構成員を含む。）が集団的に又は常習的に暴力的不法行為等を行うことを助長するおそれがある団体

　暴力団員…暴力団の構成員をいう。

　暴力団準構成員…暴力団意外の暴力団と関係を有する者であって、暴力団の威力を背景に暴力的不法行為等を行うおそれがあるもの、又は暴力団若しくは暴力団員に対し資金、武器等の供給を行うなど暴力団の維持若しくは運営に協力し、若しくは関与するものをいう。

　暴力団関係企業…暴力団員が実質的にその経営に関与している企

業、準構成員若しくは元暴力団員が経営する企業で暴力団に資金提供を行うなど暴力団の維持若しくは運営に積極的に協力し、若しくは関与する企業又は業務の遂行等において、積極的に暴力団を利用し暴力団の維持若しくは運営に協力している企業をいう。

　総会屋等…総会屋、会社ゴロ等企業等を対象に不正に利益を求めて暴力的不法行為等を行うおそれがあり、市民生活の安全に脅威を与える者をいう。

　社会運動標ぼうゴロ…社会運動若しくは政治活動を仮装し、又は標ぼうして、不正な利益を求めて暴力的不法行為等を行うおそれがあり、市民生活の安全に脅威を与える者をいう。

　特殊知能暴力集団…暴力団、暴力団員、暴力団準構成員、暴力団関係企業、総会屋等、社会運動標ぼうゴロ以外の、暴力団との関係を背景に、その威力を用い、または暴力団との資金的なつながりを有し、構造的な不正の中核となっている集団または個人をいう

2　属性要件と行為要件

　政府指針のポイントは、反社会的勢力を見極める際に、属性要件（行為主体は誰か）だけではなく行為要件にも着目せよとしている点です。「暴力団」という名札をつけてくれているのであれば、見極めは容易ですが、とりわけ暴対法施行後暴力団は名札を外して活動するようになっています。属性要件だけでは、反社会的勢力の見極めは困難となりました。

　テレビや映画の中だけで、反社会的勢力についてイメージを形成している人も少なくありません。もちろん「見るからに」というわかりやすい輩もいます。しかし、一見すると芸能人やビジネスマンのような輩もいます。芸能プロダクションの名刺を持って、繁華街で若い女性をスカウトし、傘下の風俗店に送り込むイケメンもいる

のです。以前、私が不法占有を排除したマンションには、9名の暴力団員がたむろしていましたが、その中には「いかにも」という輩もいれば、芸能人と見まごう輩もいました。その輩は、退去を余儀なくされたとき、机上の芸能プロダクションの社名が入った名刺の束を掴んで、「しょうがねえなあ。じゃあ次は渋谷に行くか」と言ってマンションを出て行きました。見た目だけでは判断しきれないことに注意してください。

　その点、行為要件は機能的です。法治国家における許容限度を超えた要求行為を行う輩は、反社会的勢力です。限度を超えた非常識な要求を行う者は悪質クレーマーとして法的に対応することが適切な場面も出てきます。それは要求行為を行う者が「お客様」であっても同様です（詳細は森原「苦情・クレーム対応とコンプライアンス」（以下、単に「苦情・クレーム対応」）経済法令研究会を参照）。

　次のような質問を受けることがあります。

　「先生。この名刺を見ると民族運動を標ぼうしているようですが、この団体は正規の政治団体なんでしょうか。それともエセ団体なんでしょうか」と。

　私は次のように回答します。

　「一定の要件を備えれば警察に照会することもできます（第7章Q21参照）。ただ、その前に考えていただきたいのは、その団体の要求は裁判をやるまでもなく、どう考えても法治国家で認められる余地のない要求だということです。そうであれば、正規の政治団体かエセということは、セキュリティ対策に影響を与えることはあっても、それほど本質的なことではないと思いませんか。仮に正規の政治団体だとしましょう。そうであれば要求に応じるのですか。要求内容が全く合理性を欠く以上、属性がどうであれＮＯはＮＯです」。

　このように、属性要件がわからなくとも、行為要件で企業側の対

応を決することができる場面は少なくありません。

3　5つの基本原則

反社会的勢力による被害を防止するための基本原則として政府指針では5つの基本原則が示されています。
○組織としての対応
○外部専門機関との連携
○取引を含めたいっさいの関係遮断
○有事における民事と刑事の法的対応
○裏取引や資金提供の禁止

この5つの基本原則には、特に序列はつけられていませんが、あえて最も重要な原則を示すとすれば、「取引を含めたいっさいの関係遮断」と考えられます。このことを実現するための手段として、「組織としての対応」が求められることになり、さらに組織対応を盤石のものとするために「外部専門機関との連携」が必要となるのです。また不当要求がなされたとき等は（有事）法的な透明性の高い手続で関係遮断を実践する必要があります。

不当要求等の対応が犯罪を構成するレベルであれば躊躇することなく刑事対応すべきです。このような「有事における民事と刑事の法的対応」と、コインの表裏の関係にあるのが「裏取引や資金提供の禁止」となります。安易に裏取引で事態の沈静化を目論めば、結果、反社会的勢力とのずるずるしたお付合いがスタートすることになってしまいます。関係遮断の方法は「法的対応」によるべきであり、「裏取引や資金提供」は選択すべきでないということです。

4　取引を含めたいっさいの関係遮断

この基本原則の軸は「いっさいの関係遮断」です。不当要求はも

とより、経済取引も含めいっさいがっさい反社会的勢力とは関係を持つなと言っているわけですから、経済的合理性を斟酌するまでもありません。

「いっさい」という以上、食事もゴルフもパーティでの同席もいうまでもなくアウトです。

反社会的勢力との新たな取引を始めないことと、反社会的勢力と知らずしてすでに始めてしまった取引があるならば、取引解消に向けた行動を開始しなければなりません。

ライフラインとの関係で、金融機関の口座利用について、政府指針が出される前後から議論されていることがあります。

それは、反社会的勢力の不法ビジネスに用いられている口座なのか、生活用口座なのかについての判断です。金融庁の監督指針について示された考え方によると、口座開設については「口座の利用が個人の日常生活に必要な範囲内である等、反社会的勢力を不当に利するものでないと合理的に判断される場合まで、一律に排除を求める趣旨ではない」とされています。

ライフラインとは、電気・ガス・水道等の公共公益設備や通信設備、交通網など、人が社会の一員として日常生活を送るうえで最低限必須のインフラを指すものと考えられます。電気・ガス・水道等をライフラインと捉えることについては、おそらくコンセンサスを得られるところです。しかし、ライフラインであることを理由に反社会的勢力を甘やかす結果となることは避けるべきです。

10年ほど前に、多数の占有屋が担保物件に入りこみました。強面の輩が入り込んだ物件は誰も競落しません。担保物件は、競落されて始めて債権回収が実現できるので、競落されなければ債権は不良債権として塩漬けになります。占有屋は任意明渡しを条件に、法外な引越し代を不当要求してきます。そのような占有屋が、電気料

金、ガス料金、水道料金を払うでしょうか。もちろん払いません。では占有屋は、電気もガスも通らない物件の中で、震えながらガンバッて占有を続けていたのでしょうか。

これらライフラインは、何度か支払を督促して一定の期限までに支払われなければ、自動的にシャットダウンされます。冬なら寒くなります。占有屋は、電力会社の職員を呼びつけます。そして「電気つなげ。死んじまう」と言います。それで電気はつながります。少なくとも10年前にはそのようなやりとりと対応が現実にありました。

「電気代を支払わないなら、つける必要はないじゃないですか」と私が述べても、「いやぁ。仕方ないんですよ」という答えでした。

ライフラインは文字通り生命線ですから、慎重な対応をしなければならないことはわかります。しかし、生命線だからと凄まれると腰が引ける。それをわかってやっていて、さらに付け込むという反社会的勢力との関係は、再考する必要があるのではないでしょうか。ライフラインであれば、債務不履行の問題が事実上霧消してしまうのはおかしな話です。

ライフラインだからという理由で、一定の範囲の取引について反社会的勢力の安全地帯のような枠を作ることについては、極めて慎重になるべきです。反社会的勢力であっても、憲法上の生存権が保障されているわけですから、電気・ガス・水道の契約はできます（ただし、契約ができるということと債務不履行時の対応がどうあるべきかは、別問題であることは既述のとおりです）。

しかし金融機関の口座開設は、あくまで経済的自由権の問題です。公共料金の支払はコンビニでもできます。送金は現金書留でもできます。「そうは言っても、いろいろ不便な点がこれだけある」と不便な点を列挙されるかもしれません。しかし「いっさいの関係

遮断」をされたら、いろいろ不便な点が出てくるのは当然のことです。

　私企業は、私的自治のもと自己責任で取引をすることもしないことも決定できます。「反社会的勢力を不当に利するものでないと合理的に判断される場合」については、取引が許されていると解するのではなく、自らの判断で「いっさいの関係遮断」を断行すべきかどうかを決するべきです。

　ここで想いをいたすべきは、蛇の目ミシン最高裁判決です（第2章）。企業と反社会的勢力の関係遮断どころか、反社会的勢力が企業に寄生しているといっても過言ではなかった状況。そんな時代における不当要求に対する金銭解決につき、最高裁は18年の時を経て取締役に厳格な責任を突きつけたのです。

　企業はゴーイング・コンサーンです。2009年現在においても2020年、2030年という将来において非難にさらされない経営判断を行う必要があるのです。

　10年後、20年後の企業を取り巻く社会環境はタイムマシンがない以上、誰にも正確にはわかりません。しかしはっきりしていることは、2007年6月19日に「取引を含めたいっさいの関係遮断」を謳った政府指針が発表されたという事実です。その事実を踏まえて10年先、20年先に「正しい判断」と評価される「経営判断」を必死で模索することが「今」できることなのです。

5　暴力団排除条項について

(1)　全国銀行協会の参考例

　暴力団排除条項については、すでに全国銀行協会から参考例も出されているので、取引約定書への盛り込み方についての悩みは相当程度解消されているものと思われます。受信の場面・与信の場面の

双方で有効性を発揮しうる仕組みですから、もしまだ導入していないのであれば導入を検討すべきです。

（注）全国暴力追放運動推進センター・日弁連民事介入暴力対策委員会・警察庁刑事局組織犯罪対策部が主体となって行った「企業が反社会的勢力による被害を防止するための指針」に関するアンケート調査（平成20年11月）によると…
　暴力団排除条項について、契約書や取引約款に盛り込まない最多の理由（32％）は、「具体的にどのような内容を入れればよいのか解らない」というものですから、このような参考例は非常に重要と考えられます。

●銀行取引約定書に盛り込む場合の暴力団排除条項の参考例について

第○条（反社会的勢力の排除）
① 　私または保証人は、現在、次の各号のいずれにも該当しないことを表明し、かつ将来にわたっても該当しないことを確約いたします。
　1．暴力団
　2．暴力団員
　3．暴力団準構成員
　4．暴力団関係企業
　5．総会屋等、社会運動標ぼうゴロまたは特殊知能暴力集団
　6．その他前各号に準ずる者
② 　私または保証人は、自らまたは第三者を利用して次の各号に該当する行為を行わないことを確約いたします。
　1．暴力的な要求行為
　2．法的な責任を超えた不当な要求行為
　3．取引に関して、脅迫的な言動をし、または暴力を用いる行為
　4．風説を流布し、偽計を用いまたは威力を用いて貴行の信用を毀損し、または貴行の業務を妨害する行為
　5．その他前各号に準ずる行為
③ 　私または保証人が、第1項各号のいずれかに該当し、もしくは前項各号のいずれかに該当する行為をし、または第1項の規程に

基づく表明・確約に関して虚偽の申告をしたことが判明し、私との取引を継続することが不適切である場合には、私は貴行から請求があり次第、貴行に対するいっさいの債務の期限の利益を失い、直ちに債務を弁済します。
④　手形の割引を受けた場合、私または保証人が第1項各号のいずれかに該当し、もしくは第2項各号のいずれかに該当する行為をし、または第1項の規定にもとづく表明・確約に関して虚偽の申告をしたことが判明し、私との取引を継続することが不適切である場合には、全部の手形について、貴行の請求によって手形面記載の全額の買戻債務を負い、直ちに弁済します。この債務を履行するまでは、貴行は手形所持人としていっさいの権利を行使することができます。
⑤　前2項の規定により、債務の弁済がなされたときに、本約定は失効するものとします。

全国銀行協会

(2) 暴力団排除条項の実務上の効果および問題点

①暴力団排除条項の実務上の効果

　暴力団排除条項第1項は属性要件にかかわる条項で、第2項は行為要件にかかわる条項です。それぞれ第1項6号、第2項5号にバスケット条項が設けられています。

　第1項には併せて、反社会的勢力に該当しないことを表明することが定められていますので、反社会的勢力に対し同条は予防的効果・抑止効果を有するといえます。反社会的勢力ではないことを表明したにもかかわらず、それが偽りであったということになれば、第3項で期限の利益を喪失させる根拠にもなります（期限の利益喪失に関わる法的根拠機能）。

　暴力団排除条項を導入することにより、先に述べた反社会的勢力の介入に対する予防的効果を得られるほか、政府指針にあるとおり、反社会的勢力に対して屈することなく法律に即して対応すること。反社会的勢力に資金提供を行わないこと。これらは、コンプラ

イアンスそのものであるとも言えるわけですから、その宣言機能を果たすことにもなります。さらに、反社会的勢力との関係遮断を図るときの重要な（裁判上の）機能を果たすことにもなります（コンプライアンス宣言機能）。

②暴力団排除条項の実務上の問題点……立証の困難性
　（何を根拠に暴力団排除条項の該当性を主張するのか）

　反社会的勢力と知らずして、融資してしまったことに気付いたとき、前掲の第3項に基づき期限の利益を喪失させることになります。具体的には「貴殿は第1項ないし第2項の○号に該当するので、第3項に基づいて期限の利益を喪失します。よって、残債務を直ちに弁済してください」と通知することになります。

　しかし、第1項ないし第2項の○号に該当するという以上は、相手方の「何を根拠に○号に該当するといえるのか」という反論に対して、きちんと証明できることが必要になります。

　すでにお気付きのとおり、これは簡単なことではありません。例えば、1項3号の準構成員であるとか、同項4号の暴力団関係企業に該当することを何らかのルートを通じて知りうるところとなったとしましょう。最終的には、その情報提供者に「準構成員」であることを証明してもらわなければなりませんが、それは必ずしも容易なことではありません。

　暴対法施行後に墨書で組の名前と自らの肩書きを刷った名刺を渡すなどということはほとんどありません。私自身、数百名の反社会的勢力と折衝してきましたが、組の名前の入った名刺を渡されたことは2回しかありません。しかも、平成7年のことですから14年前のことです。もし、このような名刺があれば、それをもって証拠とすることができます。しかし、そのようなものはまずないという前提で、どのように証明するかということを考えなければならない

のです。

▶新聞報道がなされたという事実は直ちに根拠となるのか◀

　過去の新聞記事に抗争事件がらみで名前が載っているといった場合は、比較的有力な証拠といえそうですが、実際の判断は簡単なことではありません。10年以上前の記事であれば、仮に取引相手と新聞紙面上に氏名が掲載されている者が同一人物であったとしても、その人物は、すでに組を離脱して更生しているかもしれません。

　そのような人物は、どの条項に位置づけるのでしょうか。1項6号のバスケット条項（その他前各号に準ずる者）に位置づけるのでしょうか。極めて困難だと思います。

　また当該者が、事業会社において従業員として働いている場合。使用者が当該者の「真面目な働きぶりと人柄」を証言すれば、金融機関側の暴力団排除条項へのあてはめについて、それを根拠薄弱として「排除されたことに由来する損害」について法的責任が発生することも十分にあり得るところです。当該者が従業員としてではなく、事業主として真面目な経営者として更生している場合も全く同様です。

　また暴力団対策という観点からも、先のような判断は問題を指摘されるところです。すなわち、組から離脱した者の更生というテーマも暴力団対策の非常に重要なテーマです。組を抜けてどんなに真面目に働いても、生涯元組員という烙印がついて回るのであれば、「組を抜けても、結局社会の一員として受け入れられないのだ」ということになり、組を抜けるインセンティブは限りなくゼロに近づいてしまいます。

▶立証の難易度に応じた対応◀

　このように、「暴力団関係企業であれば期限の利益を喪失できる」という取決めがあっても、立証の問題を考えると実務上は非常に悩ましい場面が多々生じることになります。

　もちろん、証明可能であれば、積極果敢に期限の利益を喪失させて反社会的勢力との関係遮断に邁進すべきはいうまでもないことです。反社会的勢力であることの立証が困難な場合（より厳密にいえば、それが明らかでも、それを証する資料を訴訟の場に提出できない場合）に、金融機関としてはどのように対応すべきでしょうか。

　この点、政府指針解説では、反社会的勢力の疑いの濃淡に応じて、①直ちに契約等を解消する、②契約等の解消に向けた措置を講じる、③関心を持って継続的に相手を監視する（＝将来における契約等の解消に備える）などの対応が必要であるとしています。さらに、取引先が反社会的勢力であると合理的に判断される場合には、関係を解消することが大切であるとされており、この対応法が参考になります。

　正確には、実務上悩ましい場面は「疑いの濃淡」というより、疑いというレベルではなく真っ黒であることは明らかであるものの、立証困難という場面です。「疑いの濃淡に応じて」は、「立証の難易度に応じて」と読み替えることになります。そのうえで、将来における契約等の解消に備えて、証拠収集に努めることが実務上悩ましい場面の対応となります。

　なお第3項は、期限の利益の喪失に関し、当然喪失ではなく請求喪失と定めています。請求喪失とすることによって、条項の適用に際しての慎重な判断を可能ならしめるものと思われます。

　取引先が「暴力団関連企業」と判明したとき、即刻取引関係を遮断したいと考えることは大切なことです。しかし取引解消の適法性

が訴訟上争われたとき、万が一反社会的勢力に敗訴するといった事態になれば、暴力団排除条項の適用について萎縮効果すら発生しかねません。「暴力団関連企業」と知れば、一瞬なりとも浮き足立ってしまい期限の利益喪失の通知を発してしまう、というような拙速を侵してしまうことがないよう、必ず冷静に「立証はどうするのか」ということを十分検討するようにしてください。

6　反社会的勢力の情報を集約したデータベースの構築

　政府指針解説は、反社会的勢力の情報を集約したデータベースの構築を「極めて有効な取組」と記しています。様々な場面で反社会的勢力の情報データベースは、有効性を発揮することになると思われますが、とりわけ暴力団排除条項を有効活用できるかどうかの鍵となるのではないでしょうか。「暴力団排除条項の問題点」で指摘したとおり、暴力団排除条項に該当するか否かを判断する資料として、立証材料として実際に使える資料がなければ、暴力団排除条項を発動することはできないからです。

▶どのような情報が必要か？◀

　政府指針は、「『反社会的勢力』をとらえるに際しては、（中略）属性要件に着目するとともに、（中略）行為要件にも着目することが重要である」としています。「属性要件」（暴力団構成員であるかどうか）と「行為要件」（暴力的な要求行為や不当要求）に関する情報が中核の情報として重要となります。

　さらに、この中核情報のほかに、周辺情報についても可及的に収集しておく必要があります。周辺情報とは、直接証拠とはならないが間接証拠となりうるような情報を指します。例えば、平成20年暮れに問題となった暴力団関連企業への融資事例では、休眠してい

た宗教法人が利用されていたと報道されています。取引に休眠会社が介在していないか、休眠会社の代表者が最近になって変更されていないかといった情報も、周辺情報としてストックしておくべきです。交渉相手の服装や言葉遣いも同様です。

▶どのように情報を収集するのか？◀
①報道された情報
　新聞報道における逮捕記事、暴力団対策法による中止命令が出されたことなどに関する記事は洩れなく収集しておく必要があります。雑誌の記事も、証明力は新聞記事（一般紙）と比較すると若干低下する可能性があるものの、拾っておく価値はあります。
②インターネット情報
　インターネット情報は、情報の正確性において千差万別ですが、情報の正確性について振り分けをしたうえでデータベースに盛り込んでおく価値があります。
③警察から得た情報
　第7章Q21のとおり平成12年警察庁暴力団対策部長通達に基づき、一定の要件を備えれば警察から情報を得ることもできます。犯罪捜査専門機関の確度の高い情報といえます。
④取引先来訪時の情報
　取引先来訪時の服装・言葉遣い・車で来たのならナンバープレート等の情報を確認する必要があります。
⑤実査による情報
　取引先の実査に基づく情報です。
　以下、そのポイントを列挙します。
ア．ビルの外観……エントランスが真っ暗で、立ち入るのに躊躇するようなビルが本店所在地ということもあります。

イ．ポストの表示……複数の会社がひとつのポストに表示されている場合があります。そのような場合、ペーパーカンパニーの本店所在地として使われているだけで、会社の実体がないことがあります。

　また、ポスト脇にその会社だけインターフォンが設置されていることがあります。いきなりドアをノックされると、何か困る事情があると推察されます。

ウ．エレベーター……キー操作を行わないと、会社が所在するフロアに停まらないエレベーターがあります。またエレベーターのドアが開くと、エレベーターホールがなく、いきなり神棚と応接セットといった場面に遭遇することもあります。

エ．室内の状況……最近は、反社会的勢力と推察されないような造りになっていることが多く、実際に数名の社員がキーボードを叩いているといった状況もあります。しかし、その社員が全員、真っ当な会社という外形を作出するための、訪問日限りの臨時アルバイトということもあります。日を代えて、確認洩れがあったなどと言って突然再訪することも必要です。

　また、信用力を高めるために、感謝状の偽造なども行われるので、メモしておいて○○協会や△△財団が本当に感謝状を発行しているかを確認する必要があります。

　電話がかかってくる頻度もチェックしてください。1時間の訪問中に一度も固定電話が鳴らないことや、逆に携帯電話には頻繁にかかってくるというようなことがあります。電話が鳴ったら、こちらから「どうぞ」と受電を勧めてください。通話の相手が仲間内であれば、思わずくだけた言葉遣いや高圧的な物言いに出くわすこともあります。

　またトイレは用がなくても借りてください。フロア単位の共用

であれば、他社の人たちがトイレ内で実査対象企業の話をしていることもあります（なぜかトイレ内では口が軽くなるようです。私は一度ですが、重要な情報を聞いたことがあります）。
オ．日を変えての実査……先述の会社の外形を作出するためのアルバイトの動員というように、再度室内に入らないとわからないこともありますが、平日の昼間に電気がついていないということもあります。

外から電気の点灯が確認できなくても、電気メーターを見ることができる場合は、その動きで確認できます。その際、電気メーターの数値も記録しておくと、稼動実態の判断に役立つことがあります。

　以上ポイントを述べた実査は、ことのほか重要です。最近は、過去の新聞報道の情報をデータベースとして反社会的勢力の情報を提供する企業もあり、その価値を否定するものではありませんが、個別の取引先のチェックはやはり各金融機関で責任を持って行うことが基本です。また、実査は空振りに終わることもありますが、予想外の情報を取得できることも少なくなく、手間を惜しまず実査を行ってください。

コラム②　実査で初めてわかること

　平成10年前後の占有屋の跳梁跋扈(ちょうりょうばっこ)が凄まじい頃、都内には占有をかけられた物件が溢れかえっていました。最近は、まともな会社に見せる演出が施され、注意して見ないと反社会的勢力が支配する会社かどうかの見極めは難しくなってきましたが、当時は「おかしい会社」であることを認知させることがむしろ必要だったため（その物件が競売に付された場合、「おかしい会社」が入居していると、警戒して誰も競落しないようにすることが目的なので）、会社名はＢ４の用紙にマジックの手書きでドアに貼り付け、室内はスティールの事務机と電話が１台、椅子に座った薄い色のついたメガネをかけた男が、机に脚を投げ出して週刊誌を読んでいるというのが定番のパターンでした。

　初めてそのような現場に実査に赴く金融機関の担当者は、私の背中に隠れるように、その会社が入居しているビルの階段を昇っていきました。ドアをノックするのも室内に入るのも、何をするのもすべて私の肩越しという状態でした。

　その担当者と４回目か５回目の実査に行ったとき、担当者は私の前をつかつかと歩いて対象物件に向かっていました。

　「すごい変わりようですね。怖くないんですか」と私が声をかけると、担当者は、「怖いですよ。でも、必要以上に怖がっていたことに気付いたんです。相手も緊張していることがわかったし」と答えました。

　反社会的勢力に対する恐怖心は常に持っておくべきものです。脇が甘くなって、彼らになめた対応をすることなどは絶対に避けなければいけません。その理由は、彼らが面子で生きている人間たちだからということがひとつ。面子をつぶさなくとも、事案は解決できるということがもうひとつです。

　しかし、実像の10倍くらいを恐怖の幻影として我々に抱かせるのも、彼らのテクニックです。等身大の彼らの実像を知り、過剰な恐怖を消去することは大切なことです。担当者は、実査を通じて彼

らの実像を見抜いたのです。

7 構築された反社会的勢力情報データベースの共有化について

　全国暴力追放運動推進センターらが主体となって行った平成20年11月に公表された「企業が反社会的勢力による被害を防止するための指針」に関するアンケート調査によれば、「反社会的勢力情報を集約したデータベースの共有化の有無」に関して23.4％の企業が消極的であり、その最大の理由は「個人情報保護法との関係があり消極的」というもので、実に52.9％に昇るものでした。

▶東京都信用金庫協会の取組み事例◀
　反社会的勢力の情報と個人情報保護法の関係については、政府指針解説の⑾「個人情報保護法に則した反社会的勢力の情報の保有と共有」について詳説されているところです。個人情報保護法上の問題が、クリアされていることは明らかであるにもかかわらず、なお消極的というのはもったいない話です。先のような情報収集を行っても、1社で行えることには限界があります。
　東京都信用金庫協会が、都内所在の信用金庫を中心として「東京都信用金庫『暴力団等排除対策協議会』略称『しんきん暴排協』」を立ち上げました。この協議会の活動の柱は、①地区しんきん暴排協の地元警察との連携、②情報交換会の活性化、③不当要求防止責任者講習の受講、④警視庁・暴追都民センターのホームページへのリンク、⑤反社会的勢力情報共有化制度の実施とされています。
　特に⑤については、会員が収集した情報を業界で一元的に収集し、会員に注意喚起することで、被害の未然防止につなげていくとしている点が注目されています。

被害の未然防止（予防）という観点のみならず、融資後に融資先が反社会的勢力の可能性が高まったときの暴力団排除条項の実効性ある活用（臨床）、すなわち立証の困難性を克服するための有効な取組みといえます。

8　収集した情報の管理について

　収集した反社会的勢力の情報管理については、十分なセキュリティ対策が必要になります。一般的な情報セキュリティに関する社内規程はすでに定められていることでしょうから、当該規程の中に盛り込んでも、別枠で規程を創設しても、いずれでも構わないので社内ルールを確立する必要があります。

　ポイントは①誰がデータベースにアクセスできるのか、②データベースにアクセスできるのはどのような場面・状況か、③アクセスに際しての手続（事前届出制なら、誰にどのような方法で申請するのか。事後届出制なら誰にどのような方法で届け出るのか。アクセスの履歴は誰が一元管理するのか等）についてルール化するとともに、システム的にはアクセスログが消去できず、かつデータの改ざんができないシステムを構築する必要があります。

第4章 Q&Aで理解する 反社会的勢力に対する基本姿勢

Q1 反社会的勢力は本当におっかないですか？

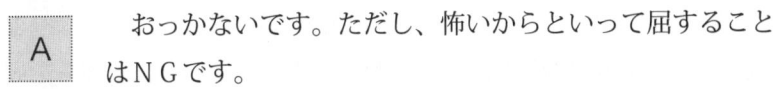

A おっかないです。ただし、怖いからといって屈することはNGです。

　最近、ある若手の弁護士と話しているとき、彼が、「べつに、企業は反社会的勢力なんて怖くないんですよ。ただ、対応が面倒くさい、鬱陶しいということに尽きるんですよ」と述べました。

　少なくともこの感覚は、私が企業防衛の一環として反社会的勢力対応を企業と連携して行っている実務感覚とは、一致しないものです。

　事件に反社会的勢力の影が見え隠れすると、当該案件に関与する担当者はもとより、担当役員にも代表取締役にも緊張が走るのがむしろ通常です。

　私自身は、相当数の現場を踏んでいるので、関係者に現実に危害が及ぶリスクの高低はある程度わかります。しかし、企業の皆様が不安に感じるのは、自分なりのリスク測定の目安がないことに起因するものです。私が経験してきたように、数多くの反社会的勢力に対応すれば、ある程度のリスク測定の目安が生まれます。現実にはそのような経験をすることはなかなかできません。一様に「最悪の事態も覚悟しなければ」という、悲壮な覚悟のもと事件に対峙されているのが実情です。

　「怖いものは怖い」でよいのです。私には、ある程度彼らの行動

類型や思考回路がわかるので、比較的冷静かつ客観的な対応ができます。しかし、弁護士として事件を通じての経験がなければ、企業の皆様と同じように怖がるはずです（コラム③参照）。

　大切なことは、「怖いものは怖い」と感じることは仕方がないとしても、怖いから「お金を渡そう」とか「返還請求を控えよう」とか「条件を呑もう」というように、恐怖心を利用した彼らの要求に応じてしまわないことです。その結果、彼らを利することになります。巨大な組織を運営していくためには巨額の資金が必要となります。彼らに資金提供したり、資金をプールさせることは、彼らを側面援助することに他なりません。

コラム③　苦い経験

　私が弁護士になって半月ほど経った頃、ボスの弁護士と打ち合わせをしていると、いきなり「オイッ！　モリハラって弁護士はいるかー！」と怒声をあげて事務所に乗り込んできた者がいました。私は、その当時電話で折衝していた反社会的勢力だと思い、打合せ室を飛び出して「アポもとらないで、何を考えてるんだ！」と怒鳴りつけようとしました。ところが、飛び出した私の目の前に立っていたのは、プロレスラーのような巨体の持ち主と、背格好は小さいものの非常に陰惨な雰囲気を滲み出している中年男でした。

　私は怒鳴りつけるどころか、手が震えてきました。その震えを悟られないように手を組んで、消え入りそうな声で「きょ、きょうは、どういったご用件で…」と非常に情けない対応をしてしまいました。状況を察したボスが鷹揚に登場して、「どうしましたー？？」と話しかけて、5分もたたずして追い返しました。

　その夜、ボスと焼酎を飲みながら「情けないです。あんな連中にびびっちゃって…」と反省の弁を伝えたところ、ボスは「怖いのは当たり前だろ。恐怖心を操ることで飯食ってるんだから。怖がらせるプロなんだから。だけどな、我々もクライアントも、体調が悪く

ても何があっても満員電車に揺られて必死で働いて、家族や会社や社会を守ってるんだ。ああいった連中に易々と屈するのは悔しいんだ。怖くても、自分の仕事に対するプライドや使命を思い出したら『こんな奴らだけには負けてなるものか』って思えるだろ」と諭しました。

その日から、『クライアント担当者の使命感にあふれる眼差しと、それにきちんと応えるべき私自身の使命』を胸に秘め、反社会的勢力と向き合っています。いまだに怖さは消えませんが、少しずつ腰が引けない対応ができるようになってきました。

Q2 実際に殴られるようなことはないと聞きました。それが本当なら怖がる必要はないのでは？

A 実際に殴られることはめったにありません。ただ後述のとおり、剥き出しの暴力が顕在化することも、稀ではありますがないわけではありません。また「怖い」と感じることは、反社会的勢力対策として重要なことです。彼らの行き着くところは「暴力」です。最後に暴力が出てくる可能性について脇を甘くしてはいけません。

後述のQ5にあるとおり、彼らの行動類型や思考回路は「検挙リスク対効果」といえるので、検挙リスクが格段に高まる「殴る、蹴る」といったことはめったにありません。だからといって、彼らに対しなめた対応は絶対に避けるべきです。企業の中で、職責をきちんと果たすことが自らの務めと認識して粛々と対応します。そうすれば、彼らを無用に挑発するような言動は自ずと控えるようになります。彼らも、人を脅すことそれ自体が主目的ではありません（副次的目的ではあれ、脅すことそれ自体を楽しんでいる傾向を垣間見

ることもありますが）。あくまで、彼らの仕事を効率よく遂行するうえでの演出です。皆様にとっても仕事であり、彼らにとっても仕事なのです。

　また既述のとおり、暴力的な要求を行う一般市民も増加傾向にありますので、脇を固めておくことは常に必要と考えるべきです。

Q3 「脇を固める」とは、具体的にどのようなことですか？

A 　自らの不用意な言動に注意するとともに、警察・暴追センター・弁護士と連携をとることです。

　清々粛々と対応することが基本ですが、そのように対応していても突然キレる人はいます。ですから、こちらが挑発したり小馬鹿にした対応をすれば簡単にキレてしまいます。キレると交渉にならないし、その結果殴られるなどという事態は絶対に避けるべきことです。キレる素となることは、こちらで作らないようにする必要があります。これが最初の脇固めです。

　来訪前の電話での交渉時点で、異常に執拗、感情の起伏が激しい等、異常性を感じるような場合（なお、「殺しに行く」などという犯罪となりうるレベルの異常な発言があった場合は、面談自体厳禁です。直ちに警察に通報してください）は、警察に相談したうえで対応してください。

　私が経験した事案で、クライアントのオフィスで狼藉をはたらき、さらには受任した私の事務所の秘書らに「今日はどんな下着をつけているのか？」などといった卑猥な話題を、本論（紛争に関する自身の見解や面談希望等）と脈絡なく挿入する、訳のわからない人物がいました。

第4章　Q&Aで理解する　反社会的勢力に対する基本姿勢

　秘書宛の電話の最後に、「今から1時間後に事務所に乗り込むからな」と宣言して電話を切ったため、警察に相談したうえで待機しました。事務所入り口の受付カウンター下には、ラジカセ（当時はICレコーダーなどありません）を設置して、当該人物が現われるのを待ちました。

　やおら現れた人物は、50歳前後の中肉中背の男性。受付カウンターで「モリハラっていう弁護士を出せー！！」と絶叫しているのが聞こえました。私が「このような形で、一方的に来訪されてもお話を伺うことはできません。お引取りください」と繰り返しても、一方的にまくしたてます。

　受付カウンターで対峙していた私以外にも、近くを通りかかった少し髪の長い男性弁護士を見つけては、「おいベートーベン！　おまえもここの人間か？」などと絡みます。さらに、「こんな事務所、火をつけてやろうか」といって煙草に火をつけるような仕草をしたりして、不可解な行動の連続でした。私は、ひたすら「お引取りください」を繰り返していました。

　どうにも話が前に進まないと思ったのでしょうか、当該人物はやおらボールペンを取り出して、私の顔の前30センチくらいのところでボールペンを前後させながら、「突いたろか？　えっ、突いたろか？」と脅し始めました。

　その後、私の腹部の前にボールペンを移動して再びペン先を前後させて威嚇を行っていたのですが、目測を誤り私のベルトのバックルにボールペンの先端を当てて私が後方に倒れこんでしまいました。本件は、相手方が異常な性向であることがわかっていたので、受付カウンター脇の相談室に警察官らが待機していました。彼は、相談室から飛び出してきた3名の警察官に、直ちに暴行罪で現行犯逮捕されました。

幸い、ベルトのバックルに当たっただけなので怪我はしませんでしたが、可及的に剥き出しの暴力が発現するような場面を作らないこと（このケースは、私との架電中に「今から事務所に乗り込むからな」と言い放ち、一方的に切電したので応対事態は避けられませんでした。事務所受付で、「お引取りください」と繰り返しお願いしていたなかでの出来事です）。万一暴力が発現すれば、即座に対策がとれるようにしておく準備が肝要です。
　この準備が、まさに警察・暴追センター・弁護士との連携です。犯罪が発生したり、まさに発生せんという場面であれば警察は即座に対応してくれます。暴力団対応の最善策を暴追センターは指導してくれます（Ｑ８参照）。弁護士は、仮処分等の民事手続で、反社会的勢力の犯罪に至らなくとも業務に差し障るような事態について差し止めを行うことができます（仮処分については、「苦情・クレーム対応」参照）。
　ひとり一人は、非日常の世界である「暴力」に対抗しきれなくとも、これら外部専門機関と連携することで適切な対応をとることができます。
　脇固めのその２は、外部専門機関との連携です。

コラム④　毅然とした対応

　私がボールペンで突かれた事件のように、反社会的勢力と称される者に足を蹴られた弁護士がいます。蹴った相手は有罪判決が下されました（なお、先のボールペンのケースも当然有罪で懲役刑を受けました）。
　加害者はある企業に街宣活動をかけていて、もう少しでお金がとれるというところで、弁護士が仮処分で街宣活動を止めてしまった

のです。そこで、事務所に乗り込んで、巻物に書いた抗議文を大声で朗読していたところを弁護士に制され、蹴りを入れたというわけです。

　私が、その刑事裁判を傍聴したときの裁判官の質問は、心に残るものでした。「あなたは、弁護士さんがあなたの活動について、法的な手続で差し止めをしたことはわかっているのですか？」「わかっています」と被告人。

　この答えを聞いた裁判官の次の発言には、憤怒が滲み出ていました。「わかんないんだよねー。どうして、法的手続をとった弁護士に対して蹴りが出るの？　私にはわからないよ！」。

　司法の番人の「暴力は絶対に許さない」という決意が噴き出した瞬間でした。法廷の空気がギュッと引き締まったことを今でも覚えています。

　「毅然とした対応」は、しばしば耳にする言葉ですが、どういう対応か実はよくわかりません。武道でも習わなければならないのでしょうか。そうではなくて、「暴力は絶対に許さない」という強い決意に基礎づけられた、ブレのない対応が毅然とした対応だと私は思います。

　我々が裁判官と異なるのは、守られた高い壇上から話をするわけではない点です。面前で、鋭い眼光のもと威圧的な口調で話す相手に、絵に描いたような「毅然とした対応」は簡単なことではありません。

　見事な対応ができなくてもいいのです。「暴力は許さない。暴力は大嫌いだ」というマインドのもと、どれだけ怒鳴られても脅されても、震える声で構いません。愚直に「できないものはできません」と、絶対に本筋を曲げない姿勢を貫けば、それは間違いなく「毅然とした対応」です。

Q4 一方的に話し続けて、こちらの話を全くさせない人にはどのように対応すればよいでしょうか？

A 話したいだけ話させればよいという対処法もありますが、話せば話すほどトーンが高まる相手に対する対応としては、必ずしもお薦めできません。

延々と話していてもトーンが変わらない相手であれば、先のような選択肢もとりえます。延々と話す内容を聞いて、「今おっしゃったのは、これこれこういうことですね。この点につきましては、当方はかくかくしかじかというのが結論です」と伝えれば済みます。ただ「済みます」ということは、「話が終わります」ということではありません。同じことをループのように繰り返します。悪質クレーマーによくみられるパターンです（この種タイプの相手の対応は「苦情・クレーム対応」を参照ください。自覚的な悪質クレーマーと無自覚の悪質クレーマー、ないし悪質クレーマー予備軍の対処法について記してあります）。

上記の延々と話すタイプとは異なり、ひたすらヒートアップしていくタイプも存在します。そういうタイプの人は、人の話を遮って一方的に話し続けるとともに、どんどん怒りのボルテージを上げていきます。

しゃべり続けて怒りのボルテージを上げていく様は、一種の自己暗示にも似たところがあります。何かに憑かれたトランス状態に入る前に水を差す必要があります。先の延々と話すタイプはある程度泳がせても危険は少ないものです。延々と話すだけでなくヒートアップするタイプには、好き放題しゃべらせるのは相手を調子に乗せ、結果交渉の主導権まで握られてしまいますので危険です。

では、どのように水を差すのが効果的でしょうか？

第4章　Q&Aで理解する　反社会的勢力に対する基本姿勢

　私たちは、通常会話なるものは、相手の話が一段落着いたところを見計らってこちらの話を切り出します。相手もこちらの話の一区切りを待って、話し始めるというキャッチボールを繰り返すものです。私たちはそういった会話を日常的に行っていますし、それはビジネスマナーでもあります。したがって、こちらの話を遮ったり割り込んで、自分の話を始める人に慣れていません。慣れていないから、割り込まれてもそのままになりがちです。
　車を運転しているときにしばしば遭遇する「割り込み」を想起してください。私など「やれやれ」と感じつつ、割り込まれるままにしていますが、絶対に割り込ませないドライバーもいます。こと、話し始めたら止まらず、怒りのボルテージも上がりっぱなしのタイプには、この頑として割り込ませないドライバーにあなた自身がなってください。
　具体的には、自分が話しているときに絶対に割り込ませないことです。これは意外に簡単です。例えば相手が、「どうするつもりだ」とか「おかしいと思わないか」とこちらに疑問形で話を振った瞬間に、「その点につきましては…」とまずこちらの説明を始めます。具体的には、話の流れの中で必ず「何考えてんだ？」「どうするつもりだ？」「おかしいだろう？」「許されると思っているのか？」などと必ず疑問形の振りがあります。
　相手は「糾弾」の台詞(セリフ)として使っているのですが、我々はこの疑問符をキャッチして生真面目に回答を開始すればよいのです（多くの場合、まさに糾弾されて押し黙ってしまいがちです）。すると、相手がこちらに説明を求め、それに対して我々が誠実に説明を開始しているにもかかわらず、「俺が聞いているのは、そういう理屈じゃなくてね…」などと即座に割り込みを始めます。そこですかさず「今、私が説明しているのですから、最後まできちんと聞いてくだ

さい。貴方様が〇〇について『どうするつもりだ』と説明を求めたから、説明をしているのですよ」として割り込みを阻止することが大切です。

このとき陥りやすい失敗があります。「今、私が説明しているのだから、最後まで聞いてください」と言っても、相手が必ずおかまいなしに割り込んできます。失敗は、その割り込み話を聞いてしまうことです。そのタイミングたるや絶妙で、「最後まで聞いてください」と言い切らない段階で、「違うだろ」「やかましい」「ふざけるな」で一気に主導権の回復を図ろうとします。

再度の割り込み話の中身に付き合う必要は全くありません。「ですから、今、貴方様が『おかしいと思わないか』と問われたことに私が説明しておりますよね。まずはそれを最後まで聞いてください」と主導権をとってください。

Q5 反社会的勢力の行動類型や思考回路を知るメリットは何ですか？

A 危害を加えられることについての、ある程度のリスク測定が可能となります。

反社会的勢力の行動類型や思考回路を一般論として理解することは可能です。すなわち彼らは、①「費用対効果」で考えるのではなく「検挙リスク対効果」で考えるといったこと。②面子を潰されたら検挙リスクに重きを置かなくなること。③ガードを固めた相手を執拗に追い込むのではなく、御し易い相手を探してターゲットの変更を簡単に行うこと。等々です。

費用対効果は、企業においては新規プロジェクトの立上げ時に必ず検討されることです。すなわち、左右の天秤に乗るものは、投下

費用とそこから得られる利益です。彼らの思考回路では、左右の天秤に乗るものは検挙される可能性の高低と、得られる利益をバランシングさせることとなります。もともと投下するものは恫喝や騙しなので、投下費用を真剣に考える必要はありません。捕まらなければ何をしても構わないという考え方が基本にあります。

　このように検挙リスクについて彼らは敏感ですが、面子を潰されたときには検挙リスクの測定は極めてラフなものとなります。「警察がなんぼのもんじゃい。警察が怖くてやってられるか」という台詞は、本音で発せられる場合と建前で発せられる場合があります。面子を潰されるなどして、このまま引き下がったのでは彼らの社会で生きていけないというような場面になると、本音で先の台詞が発せられます。その場合には、検挙リスクの検討など霧散してしまうのです。

　ターゲットの変更は、恫喝の対象となるターゲットが警察や弁護士に相談するなどして検挙リスクが高まると、深追いはしないということです。基本的に、検挙リスクが彼らの行動制御弁となっているので、検挙リスクが発生したターゲットから何としてでも金を吐き出させようといった無謀なことはやりません。

　ただ、冒頭記したとおり、これは、あくまで「ある程度のリスク測定」に過ぎません。皆様が過剰な不安にさいなまれることがないようにするための目安です。必ず、警察・暴追センター・弁護士と連携をとって相談するようにしてください。

第5章　反社会的勢力との対応法
Q&Aで理解する

Q6 組織対応とは複数で対応することですか？

A 違います。複数対応と組織的対応は似て非なるものです。

　反社会的勢力と対応するにあたって、複数で対応することは必要なことです。世のマニュアルにも、反社会的勢力より多くの人員で対応することが書いてあります。複数対応によって、冷静な対応やきちんとした記録化が実現できるので、それ自体は意義のあることです。

　しかし反社会的勢力は、個人をターゲットとして食い込んできます。いかに大組織でも、その構成員たる個々人は弱い一個人です。その一個人を陥落して、そこから大組織に食い込んでくるわけです。組織対応は、そのような弱い存在である一個人に対応を丸投げするのではなく、組織で問題を共有してしっかり準備したうえで取り組むことを指します。仮に3名で対応したとしても（複数対応）、組織がその3名に「君たちでうまく処理してくれ」とするのであれば、それは組織対応とはいいません。

第5章　Q＆Aで理解する　反社会的勢力との対応法

◆Q7　組織で問題を共有してしっかり準備したうえで取り組むとは、具体的にどのようなことを行うのでしょうか？

A　組織で情報と問題を共有して取り組むということは、平時において有事発生を想定して危機意識を持ち、真剣に対応トレーニングを実践することです。

　反社会的勢力が組織に攻勢をかけてくることは、頻繁に発生するわけではありません。頻繁でないので、なかなか危機意識が生まれません。危機意識が生まれないから、きちんと準備をしないということにつながります。準備をしないから、いざ反社会的勢力からアプローチがあると、どう対応してよいかわからなくて困ってしまうわけです。困ったときには、職場でスクラムを組む方向に進めばよいのですが、多くは一部担当者に「うまくやっておけ」と丸投げするという最悪の展開になりがちです。反社会的勢力と対峙するときの基礎知識を学んで、想定されるシナリオを作成してロールプレイングまで挑戦してみてください。

　反社会的勢力の攻勢に、なぜ多くの企業人が陥落させられるか考えてみましょう。反社会的勢力と対峙するということは、一般的に非日常の世界といえるでしょう。映画やテレビでしか見たことのない凶悪なオーラを漂わせる人間が現実に目の前にいるのです。それだけでも非日常です。

　そのうえ、その人物が目を剥いてドスの効いた声で脅しをかけるのです。これまた非日常です。しかも言葉尻をつかまえて、結構上手に突っ込んできます。「たしか…」と言えば、「なにー！　たしか…だと。じゃあ、はっきりしてないってことじゃないか」とすかさず突っ込んできます。こんな揚げ足とりは、通常のビジネスの交渉

57

現場ではあり得ないことです。こういった非日常がいきなり現実に展開されるのですから、ひとたまりもありません。睨みつけられて巻き舌で挑みかかられることなど、人生の中で一度もない人、運悪くそのような経験があったとしても、せいぜい学生時代までのことという人がほとんどのはずです。

どの組織でも、震災という非日常に備えて避難訓練をします。それと全く同じことです。想定問答を作って、反社会的勢力役を担当する人は、服装までそれらしくして、ぜひ成りきって脅しをかけてください。対応する役の人は、精一杯毅然とした態度がとれるよう練習してください。現実に反社会的勢力に攻勢をかけられたとき、必ず自信を持って対応できるようになります。

Q8　反社会的勢力対応時の基本的留意事項にはどのようなものがありますか？

A　全国暴力追放運動推進センター（全国暴追センター）の「暴力団員に対する基本的対応要領」が参考になります。同要領は、「Ⅰ　平素の準備」と「Ⅱ　主な具体的な対応要領」に分類して、次の事項を掲げています。なお（　）書きは、全国暴追センターのコメントを筆者が要約したものです。

Ⅰ　平素の準備
　(ア)　トップの危機管理意識（トップ自らの基本方針の明示）
　(イ)　体制作り（対応責任者・対応マニュアル・通報手段等々のインフラ整備）
　(ウ)　警察、暴力追放運動推進センター等との連携

第5章　Q&Aで理解する 反社会的勢力との対応法

Ⅱ　主な具体的な対応要領
- (ア)　来訪者のチェックと連絡（受付係員の対応法）
- (イ)　相手の確認と用件の確認
- (ウ)　対応場所の選定（迅速に援助を求めることができ、かつ精神的に余裕を持てる自社応接室等を推奨）
- (エ)　対応の人数（相手より多人数で、かつ役割分担を決める）
- (オ)　対応時間（リミット・セッティング…予めの対応時間の限定）
- (カ)　言動に注意する
- (キ)　書類の作成・署名・押印（これらは厳禁）
- (ク)　即答や約束はしない
- (ケ)　トップに対応させない
- (コ)　湯茶の接待はしない（居座りの容認と、湯飲み茶碗が凶器にもなるので接待は不要）
- (サ)　対応内容の記録化（犯罪検挙、行政処分、民事訴訟の証拠）
- (シ)　機を失せず警察に通報（平素の警察・暴追センターとの連携）

以上のとおり、すべて基本的事項です。だからといって何も目新しいものはないと軽んじてはいけません。これらの基本的事項を実践することが大切です。対応要領の基本的なことは、ここに述べられているものですべて網羅されています。私の経験に照らして、若干の修正を加えたほうがよいと思われる箇所もあります。例えば「Ⅱ(イ)相手の確認と用件の確認」に関して、『代理人の場合は、委任状の確認を忘れないように』。「Ⅱ(カ)言動に注意する」に関して、「申し訳ありませんは禁物」とありますが、前者についてはQ19、後者についてはQ12をご参照ください。こうしたごく僅かな修正で、より実践的に使えるものとなります。

コラム⑤　反社会的勢力対応に特別な能力は要求されない

　私が弁護士になった当時のボスであった弁護士は、民事介入暴力対策に通暁した弁護士という評価を得ていました。
　司法修習生時代に彼の「民暴対策講演」を初めて聞いたとき、彼は開口一番「『民暴に強いですねぇ。凄いですねぇ』などと言われるのは恥ずかしい」と言いました。なぜなら民暴対応は、弁護士であれば誰でもできなければならない。それができるということで誉められても、小学１年生用教科書の最初の頁に出てくる「さくら　さくら　はながさいた。きれいだな。」を読んで、「よくできました」と誉められているに等しいというのです。
　別の機会に、企業危機管理について非常に高名な弁護士（いわゆる民暴委員会に所属した経歴はありませんし、民暴についての著作や発言もない）の講演で、「（民暴事案に関して）世に民暴弁護士と呼ばれている弁護士がいますが、べつに民暴の弁護士でなくても、弁護士なら誰でもできることです」というコメントがありました。
　我が意を得たりという思いでした。もちろん反社会的勢力の手口は年々巧妙になっており、それらについての研究や対策は不断に行われるべきものです。先の暴排条項（32頁）などもその成果です。しかし、暴力を背景とする恫喝的な不当要求対応に限っていえば、弁護士なら誰でもできなければならないことです。さらに言えば、弁護士でなくとも各金融機関の皆様が、外部専門機関（警察・暴追センター・弁護士）と連携をとっていれば十分に対応可能な事柄です。その証拠に、全国暴追センターの対応要領に書いてある事項で、「これは実際にはできないな」というものはひとつもありません。
　そうは言ってもうまく対応できないのは、本書中、様々な場面で指摘する「反社会的勢力対応は非日常の世界のことだからうまくいかない」だけのことです。非日常という意味では、「震災」なども忘れた頃にやってくるわけですが、平時にきちんと避難訓練をやっておけば、いざというときに慌てずに対応できます。それと同様

に、反社会的勢力対応もきちんと本番を想定した訓練を行い、いざという場面に備えれば、「非日常の世界」も「訓練で経験済みの世界」に変わってくるのです。

　もしきちんと対応できないということがあるとすれば、それは反社会的勢力という非日常への訓練が欠けているだけなのです。

Q9　全国暴追センターの対応要領が参考となることは理解できましたが、対応の中でも核心部分となる交渉・折衝場面で注意すべきことはなんでしょうか？

A　まず、反社会的勢力の訪問・交渉の目的をはっきりさせましょう。

　誰かの訪問を受けたとき、挨拶のあと最初に切り出す言葉は何でしょうか。「ご用件は」という言葉を発するはずです。用件がわからなければ、対応のしようがないからです。反社会的勢力との交渉は、この「ご用件」がはっきりしないことがしばしばあります。

　例えば、あなたの組織に所属する人の対応が悪かったという主張が始まったとします。「対応が悪かった」というのは「要件」です。その要件を充たしたときに「効果」が発生するはずです。効果の代表例は「謝罪」か「賠償」となります。通常であれば、「効果」すなわち「どうして欲しいのか」を交渉相手は提示します。

　しかし反社会的勢力は、どうして欲しいのかを言いません。必ず、こちらに「では、このようにいたします」と言わせるように仕向けます。しかし相手の要求もわからないまま、こちらとしても「こうします」とは言えません。

　こちらが回答に窮していると、彼らは彼らなりの「ヒント」をく

れます。「大人の解決をしましょう」とか「誠意を示してくれればいいんですよ」といった類のヒントです。彼らの言い分としては、「ここまでヒントを出したんだから、あとはお宅らできっちり考えてよ」ということになるのでしょう。しかし「誠意を示せ」と言われても、具体的にどうすればいいのかわかりません。

そのときは「すみません。誠意を示すっていうのはどういうことなのかわからないので、教えてください」と質問すればよいのです。たいてい「馬鹿野郎。そんなことは自分で考えろ」と怒鳴られます。「考えましたが、わからないから聞いているんです」と問い返してもいいですし、「わかりました。では私の考える誠意を受けてください。それは事実関係をきちんと調査して（原因究明）、仮にご主張の事実があれば、その事実に見合った対応をします（再発防止）」と返してください。「誠意」を「原因究明と再発防止です」と返されたとき、「それは違う」と言えるはずがありません。

実は「ご用件」（どうして欲しいのか）は最初から決まっているのです。「お金」が用件であり獲得目標です。反社会的勢力は露骨に「お金」と言うと恐喝罪になり、「誠意」といえば犯罪にならないと学習しています。ちなみに金銭要求を明示的に行わなくとも、四囲の状況に照らし金銭要求であることが明らかであれば、犯罪を構成する可能性は十分にあるので、彼らの学習は誤っていますが。

ですから「お金」とはけっして言いません。稀にお金と正々堂々といえる場合でも（例えば、反社会的勢力の車を傷つけてしまった場合等）提示した金額では納得してくれません。色々と理由をつけて桁違いの金額の支払を約束するまで納得しません。

我々の獲得目標は、金を支払う根拠がないのであれば「支払わない」ということです。金を支払う根拠があるのであれば、法的に合理性を有する範囲で支払うことを説明することがすべてです。

第5章　Q&Aで理解する　反社会的勢力との対応法

Q▶10 「支払わない」という回答で反社会的勢力は納得するのでしょうか？

A 納得しません。必要な説明を尽くした結果、相手が納得しないのであれば、それはそれで構いません。

　ここで注意しなければならないのは、相手に納得してもらわなければならないという思い込みから、解き放たれなければならないということです。ビジネスの場でもプライベートの場でも、会話は通常相手とのキャッチボールです。キャッチボールとは「話が噛み合っている」ということです。私たちは、会話がキャッチボールにならないと失礼なことだと感じてしまいがちです。その結果、相手が納得していないまま、言いっ放しで交渉を終わらせるいうことに非常に不馴れです。

　「できません」「だめです」「だめなものはだめです」「先ほど結論はお伝えしたとおりです」「これ以上お話しても平行線ですから、もうお話できません」「話は以上です。お引取りください」。

　これら、ひとつ一つはシンプルなメッセージで何も難しくありません。ところが、相手方である反社会的勢力は「わかったよ」「仕方ないね」などと同調してくれるはずはありません。「なんだと貴様。話は終わってねぇだろ。一方的な対応それ自体が、別の問題を生んでるんだよ」と返されたら、そこで行き詰ってしまいがちです。

　「結論は、先ほどお伝えしたとおりです。お引取りください」と繰り返せばすみます。オウムが「オハヨー」を繰り返すように、何度ゆり戻しをかけられても、「結論は、先ほどお伝えしたとおりです。お引取りください」を繰り返せばよいのです。

　会話がキャッチボールになっていないので、「おまえは馬鹿か。

63

同じことを何度も何度も。人の話を聞いてるのか」などと相手は言い出しますが、これはゴールが見えたに等しい非常に嬉しい発言です。言葉尻を捉える交渉を生業としている、反社会的勢力と会話のキャッチボールが続いているときは、彼らのペースに乗せられている証拠です。意を決して会話のキャッチボールを放棄したとき、主導権はこちらに戻るのです。「人の話をきいてるのか」と言い出したら、あとはひたすら「お引取り要求」を繰り返せばいいのです。

「結論は、さきほどお伝えしたとおりです。お引取りください」という退去要求をして、退去に必要な時間が経過すれば不退去罪（刑法130条）という犯罪が成立します。

「本件について説明を尽くした後、お引取りを再三にわたってお願いしました。すでに10分近くお願いを続けても、お引取りいただけないわけですから、不退去罪で警察に通報します。（複数対応で同席している者のうち、警察通報担当に向かって）○○君、警察に通報してください。弁護士にも連絡してください。すべて録音をとってあることも忘れずに伝えてください」と告げてください。

面子があるので、これでそそくさと帰らないこともありますが、いずれにせよ警察が介入したら、捨て台詞のひとつを吐いてお引取りいただくことになります。

交渉現場における反社会的勢力の獲得目標は「金」です。支払う理由がなくても「金を払う」と言わなければ、交渉は永遠に終わりません。支払う理由があっても合理的な金額を超えた「金」を払わないかぎり帰ってくれません。つまり、最初から「納得」を求める相手ではないのです。にもかかわらず、いつのまにか納得してもらうことを目標に話し続けてしまいがちです。我々が行わなければならないのは、「きちんとした説明」に尽きます。きちんと説明を尽くしたら相手が納得しなくてもいいのです。

●まとめ－反社会的勢力と交渉する際の注意点
①反社会的勢力の「ご用件」「ご要望」は「お金」
②「お金」を要求すれば恐喝罪となる場合があるので「誠意」としか言わない
③「誠意」の中身を問うと「自分で考えろ」と怒鳴られる
④ご迷惑をかけたことに対する「誠意」は「原因究明と再発防止」
（稀に金銭賠償相当のケースもあるが、相当額の支払に止める）
⑤反社会的勢力に納得を求めてはいけない。きちんと説明すれば十分
⑥会話のキャッチボールは、結論を伝えたあとはそこでストップ

第6章 Q&Aで理解する 具体的ケースとその対応法

Q 11 こちらにも責任がある場合には、どのように対処すればよいのでしょうか？

A 彼らの言う「責任」が「道義的責任」なのか「法的責任」なのかをよく見極めてください。

　こちらに何の非もないのに、不当要求をしてくる反社会的勢力は原則としていません。「責任」を追及できるからこそ、彼らは意気軒昂に乗り込んでくるのです。ただ、この責任という言葉がマジックなのです。

　反社会的勢力は、意図的に「道義的責任」と「法的責任」をごちゃまぜにして「責任」というひとつの言葉で片付けます。道義的責任と法的責任では責任の取り方が大違いなのですが、「責任を認めたな」と言われたら、こちらは幾らか支払わないと収拾がつかないと思い込んでしまいがちです。

　道義的責任とは、すれ違ったときなど肩がぶつかった場面で発生します。「失礼しました」と謝罪すべき場面です。ただし謝罪すれば、それで「肩がぶつかった」というトラブルは収束します。世の中のトラブルの大半は「失礼しました」で済み、また済ませるべきです。

　法的責任とは、金銭賠償が必要となる場面です。民法上「責任」の果たし方は、金銭賠償と定められています（例外的に、名誉毀損の際に「謝罪広告」等の掲載を求めることができます〈民法723

条〉)。

　現実に発生した事案を見てみましょう（但し守秘に抵触しないようアレンジしてあります）。

　ある施設で幼い子供が亡くなりました。警察は施設側のミスの可能性を考え業務上過失致死罪を想定して解剖を行いましたが、ミスを認める所見はありませんでした。持病が突発的に悪化して、突然死のような状態でなす術もない案件だったのです。

　ひと月経った頃、ある団体を名乗る者から施設の代表者宛に電話がありました。幸いなことに、すべて録音済みでした。

「ひと月前に、小さな子供がお宅で亡くなったよな」

「…はい…」

「いたいけな子供の命がお宅の施設で失われたんだよ。あんた責任感じないのか？　ひと一人の命が亡くなって責任感じないのか？」

　ここで、「今おっしゃった『責任』というのは『道義的責任』を指していらっしゃるのでしょか。それとも『法的責任』でしょうか」などと質問できる人はいません。心の中に「ご家族も悲嘆にくれていたなぁ。悲しい残念な事故だったなぁ。申し訳なかった」といった気持が去来することでしょう。そこに「おい、何黙ってるんだ。子供が死んで責任感じないのか。どうなんだ」と畳みかけられたら、大概の人は「はい」と答えてしまいます。この代表者も「はい」と答えました。

　すると「おまえ責任認めたな。責任認めた以上、その責任の取り方ってことが当然次の問題だわな。おい、どうやって責任取るんだよ。こら責任認めたんなら、その責任しっかり取れよ」と畳みかけてきました。

　この案件は、警察が捜査に入り解剖まで行ったうえで「過失な

し」と認定されたものです。したがって法的責任はありません。自己の管理する施設内で幼い命が失われたことに対して、代表者は「残念」という想いを中軸に「道義的責任」を感じ、それを認めたにすぎません。

　このように反社会的勢力は、道義的責任と法的責任を巧妙にすり替えて「責任を取る」＝「金銭賠償」という構図を組み立ててきます。トラブルと責任は、天秤の左右に乗りバランシングされるものです。

　世の中のトラブルの大半は道義的責任（謝罪）で済まされるものです。下の図を常に心において交渉に臨むようにしましょう。

　なお、先の事案自体は、委任を受けた私が「司法解剖もなされて問題なしとされた案件について、代表者が道義的責任は人として感じるところは当然あるが、法的に負うべき責任はありません」と説明して収束しました。

```
法的責任×　　道義的責任×　⇒対応せず
法的責任×　　道義的責任○　⇒謝罪等の相応の対応
法的責任○　　道義的責任○　⇒法的合理性のある範囲内での賠償
　　　　　　　　　　　　　　　責任
```

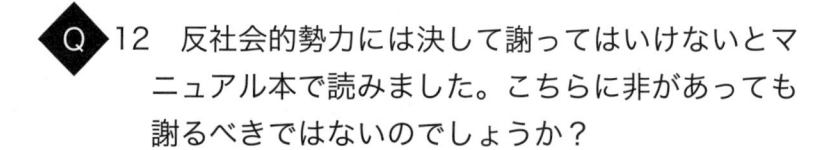

Q▶12　反社会的勢力には決して謝ってはいけないとマニュアル本で読みました。こちらに非があっても謝るべきではないのでしょうか？

A　謝罪する対象を特定しないで「平謝り」はすべきではありません。こちらが非難される対象事実を特定したうえで、その事実が謝罪相当の事実であれば「かくかくしかじかの非

第6章　Q&Aで理解する　具体的ケースとその対応法

のある事実についてお詫びする」というレベルでの謝罪は、しても構わないしまたするべきです。

　　　　＊　　　　＊　　　　＊　　　　＊　　　　＊

　以前テレビ番組で、東京・新宿歌舞伎町のボッタクリバーにテレビ局の社員が客を装って来店し、鞄の中の隠しカメラで一部始終を録画録音するのをやっていました。テレビ局社員が、2杯カクテルを飲んで帰ろうとしたら「20万円」と請求されました。「いくらなんでも高すぎる」と抗議すると、店の奥から強面のお兄さんが出てきて、「うちはよそと較べたら少々高めかもしれんが、飲み食いの代金はきちんと払わんといかんよ」と慇懃に申し付けました。

　そのときテレビ局社員は、ひらすらに「すみません。すみません。すみません」と繰り返していました。よほど怖かったのでしょう。「うちのドリンクはうまかったでしょう」と問われても「すみません。すみません」としか言葉を発することができず、「おいっ」とただ声をかけられただけなのに「すみません。すみません」と謝り続けていました。

　このような形での謝罪を行ってはいけないという意味では、マニュアル本は正しいです。いわゆる「平謝り」はすべきではありません。しかし、謝罪の対象となる事実をきちんと特定して、それが謝罪するのに相当な事実であれば、「ご指摘のこれこれの事実についてはお詫び申し上げます」と述べることは問題ありません。

　謝罪の問題に関連して、現実に発生した事例を見てみましょう（ただし、守秘に抵触しないようアレンジしてあります）。この事例は、謝罪に関する論点の他にも反社会的勢力対応として参考にできる事例なので、後にQ&A形式で検討することとします。

69

《事例》
　ある金融機関がＡ社に融資し、社長の自宅を担保にとっていました。ところが、反社会的勢力から「家をとられたくなかったら手伝いましょう」と囁かれたのでしょうか。占有屋は多くの場合、家の持ち主の意に反して占有をかける乗っ取り型占有が主流でしたが、担保提供者からお金をもらって競売物件を占有するというケースもありました。占有屋がいるため競落人が現われず、当面愛着のある持ち家が人手に渡ることを回避できるからです。その後、社長一家の姿は見かけられなくなり、刺青をした人たちがたむろするようになりました。
　そこで、金融機関の担当者2名が、社長宅の現況を調査に行きました。大邸宅で、門から玄関まで10メートルほどの敷石が敷き詰められていました。
　門が開いていたので、2メートルくらい入ったところで写真を撮り始めました。すると庭に面したサッシがガラッと開き、刺青をした者が走り寄ってきました。反射的に担当者らは逃げたのですが、1名が捕まってしまいました。逃げきったもう1名も渋々戻らざるを得ませんでした。
　刺青者は、担当者の使い捨てカメラをもぎとり、凄い剣幕で「おまえら、どこのもんじゃい。人の地所に勝手に入り込んで写真撮りくさって。名刺出さんかい」と怒鳴ります。拒むこともできず名刺を渡すと、刺青者は「ほーっ、こんな有名企業が大変なことやっちゃったねぇ。これって住居侵入でしょう。犯罪だよ犯罪。大変な問題だから、こっちも上と相談させてもらうわ。近く本社に寄らせてもらうから」と言って、悠然とした足取りで戻っていきました。
　その後、本社に連絡があり訪問日時指定がありました。委任を受けた私が会議室に入ると、3名の目つきの鋭い男が着席していまし

た。私が入るやいなや「おまえ、何だ」と質されました。以下、私と3名のうち中央に座った一番格上とおぼしき者との会話です。

「弁護士ですが。森原といいます」。

「弁護士？　弁護士関係ねえよ」。

「この会社から委任を受けているので、関係ありますよ」。

「あんた、現地に行ったのか」。

「行ってないですよ」。

「来た奴連れてこいよ。あんたも来ればわかるけど、門柱にはインターフォンがちゃんと付いてるんだよ。インターフォン押して、『担保権者です。担保物件の実地調査に来ました』って言えば、『ご苦労さん』って入れてやったよ。それを黙って、人の敷地に入り込んで写真撮るっていうのはとんでもねぇよ。なにせ住居侵入だからな」。

「住居侵入ということについては、私は別の考えを持っていますが、まず問題となる行為をきちんと特定させてくださいよ。インターフォンを押さないで、敷地に2メートル程度入って、写真を撮ったことが問題となる行為ということでよろしいですか」。

（内輪で「2メートルじゃねぇよな」「もっと入ってたよな」などと、ぶつくさ。）

「2メートルじゃすまないけど、要はインターフォン押さないで、無断で敷地に入ったという点が最大の問題だな。写真撮ったりよ。完全に住居侵入だ」。

（両隣の男たちが激しく頷く。）

「しつこい性格なんですいませんね。もう一度確認させてください。2メートルが3メートルでもいいですが、問題は『インターフォンを押さないで、断りなく2，3メートル敷地に入って写真を撮った』ということでよろしいですね」。

71

「そのとおり。大問題だよ」

「わかりました。ご指摘のとおりインターフォンを押していれば、皆さんにこんな暑いさなか、ご足労いただくことはなかったです。『インターフォンを押さないで、断りなく２，３メートル敷地に入って写真を撮った』という事実について、本件につきいっさいの委任を受けている弁護士としてお詫び申し上げます。インターフォンを押さないで、敷地に入って写真を撮ったこと深くお詫び申し上げます」と述べて、テーブルに額がつくほど頭を下げ、５つ数えて頭を上げました。３名は『ポカーン』とした顔をしています。

「なんだそりゃ…」。

「ですから、インターフォンを押さないで、敷地に入って写真を撮ったこと深くお詫びしました」。

「先生よー。それで済む話だと思ってるの」。

「はい。思ってます」。

隣の男が「ふざけんなよー」と気勢をあげました。

「あの…十分お話聞こえてますから、大きな声を出さないでもらえます？　いいですか。（左の手のひらを上に向けて差し出して）この左手に『インターフォンを押さないで、敷地に入って写真を撮った』という事実が乗るわけです。それでこの右手に（右の手のひらを上に向けて差し出して）その事実に見合った責任っていうのが乗るわけですよ。この両手を天秤としますとね、この件について委任を受けた弁護士が『インターフォンを押さないで、敷地に入って写真を撮った』という事実について『すみませんでした』と謝罪した。これって『インターフォンを押さないで、敷地に入って写真を撮った』という事実に対する責任として、天秤のバランスがとれていると私は考えているんですが。私、何か間違ってます？」。

「認識甘いなー。弁護士バッチ飛んじゃうよ。住居侵入なんだ

よ」。

「責任の取り方としてバランス取れてませんか？　お金かなんかを、こっちの天秤に乗せないとバランス取れないんですかね」。

「ちょっと待て。金なんて言ってないぞ」

「私が言ったんだよ。心配しなくていいよ。ともかく、私はトラブルがあれば話合いで解決すべきだと思っているんですけど。話合いがつかなければ日本は法治国家ですから、裁判所にご判断してもらうしかないと考えてます。私は、『インターフォンを押さないで、敷地に入って写真を撮った』という事実についてお詫びしました。それが事実に見合った対応だと考えているからです。『それで済む話』だと思っているんです。そちらが『それで済まない話』とお考えなら、森原は間違っていると裁判所に行っていただくしかないです」。

（３人揃って無言で睨みつける。）

「じゃぁ警察行くわ。もう後戻りできんよ。あんた腹決めてるんだろ。警察行っていいんだな」。

「そんなこと、私が『どうぞどうぞ』とか『行かないでください』とか言う立場じゃないでしょ。そちらが決めることでしょう」。

（再び無言で睨みつける。）

そこで、私から切り出しました。

「この会議室、次に使う予定もあるそうなので、私もちゃんとお詫びしたし、お引取りいただけますか。そうそう、先ほどからおっしゃっている住居侵入っていうのは刑法130条に書いてあるのですが、同じ条文に不退去罪っていうのもありましてね。帰ってくださいってお願いしても帰らないと、不退去罪になっちゃうの。ですから、もうお引取り願えませんか」。

「…先生、元気いいなあ。元気いいのはいいことだけど、元気よ

すぎるのも考えもんだ。世の中何事もほどほどだよ。なあ（一同頷く）。帰るわ。あっ、そうそう名刺ちょうだいよ」。

「あらら、ご挨拶しないで話が始まっちゃったから。そっちもくださいよ」。

「今日はない」。

「じゃあ、私も嫌だ」。

（睨みつけられるが、私も目をそらさないで10秒ほど膠着。）

「（ふっと笑って）どうでもいいよ。おい行くぞ」と帰っていきました。

　　　　＊　　　　＊　　　　＊　　　　＊

いかがでしょうか。私は繰り返し謝罪しています。しかし平謝りはしていません。何が問題となる事実かしつこく確認して、その事実について謝罪相当と判断したので素直に謝っています。

もし、住んでいたのが社長一家、出てきたのも社長というケースだとしたらどうでしょう。社長に「君たち無礼じゃないか。インターフォンがあるんだから、断りをいれてから入ってきなさいよ」と、言われたらどうかです。たしかに、道義的には問題なしと言えないことを行ったのだから、「大変失礼しました」と述べるのではないでしょうか。

反社会的勢力は、道義的責任を法的責任（金を払わなければ果たせない責任）にすり替えて議論をしかけてきます。冷静に事実を確認して、社長に謝るのが相当なケースなら、反社会的勢力に対しても、問題箇所を特定してその限りで謝罪すればすむのです。そして「謝罪」という「結論」を伝えたら、次は「結論はすでにお伝えしたとおりです。お引取りください」です。「それは、そっちで勝手に出した結論だ」と返してきたら、「見解が異なり、話合いで決着がつかないなら、法治国家ですから裁判所で判断していただくほか

ありません。結論はすでにお伝えしたとおりです。お引取りください」の繰り返しです。

「なめるなよ」「ふざけるな」などという決まり文句に、「なめてません」とか「ふざけてません」と返さないでください。キャッチボールの再開になってしまいます。「ふざけるな」とか、何を言われても愚直に「結論はすでにお伝えしたとおりです。お引取りください」と繰り返し、退去に必要な時間が経過すれば（10分もあれば十分ですが、長くなればなるほど悪質性も高まります）、迷わず警察へ通報してください。

本件は、謝罪の可否の他に様々な論点を含んでいますので、以下この事例を敷衍して検討してみることにします。

Q 13　反社会的勢力が複数で交渉に乗り込んできたとき役割分担があると聞きましたが、どのような役割分担でしょうか？

A　典型的な役割分担は赤鬼（恫喝役）と青鬼（なだめ役）です。

先の事例では、3名のうち1名のみが具体的な交渉を行い、残り2名は声（「ふざけんなよー」と大声をあげる）や動作（「激しく頷く」「睨みつける」等）で、主体的に交渉を行っている1名を支援していました。取巻き型は、このように株主総会の野次役のようなことをやる場合があります。先輩格の交渉のやり方を、若手2名が学習するOJTの機会なのでしょう。取巻きは研修生ですから、無視すればいいのです。

▶赤鬼と青鬼◀

一般的に複数で交渉に臨んでくるときは、赤鬼（恫喝役）と青鬼

（なだめ役）の役割分担を行います。赤鬼は、目を血走らせて怒鳴り散らすばかりなので全く話にならないし、端的にいって怖くて嫌な存在です。そうなると、一見穏やかな話し方で、表面的には道理がわかったように見える青鬼が非常に「まともな人」に見えてきます。

　そのように青鬼が「まともな人」に見えてきた頃に、青鬼が怒鳴り散らす赤鬼に対して、「おまえ、そんな物の言い方をしたら話にならないだろう！　少しはわきまえろ！」などと語気鋭く言い放ちます。続けて、こちらに向かって「だけどねぇ、こいつが激高するのも理由がないわけじゃない。それはわかっていただけますよね」などと振ってきます。ついつい「おっしゃるとおりで…」と首を縦に振りそうになります。

　しかし、赤鬼も青鬼も法的には通らない要求を通すための役割分担を行っているだけです。彼らは、こちらが青鬼の発言に同調しやすいレールを引く作業を行っているに過ぎないのですから、決して同調しないでください。青鬼に擦り寄るような態度を見せたら、その交渉は負けです。青鬼がいかに穏やかな態度をとっていようと「所詮、不当要求じゃないか。絶対に許さないぞ」という決意のもと毅然とした対応を貫いてください。

コラム⑥　青鬼が赤鬼を殴りつけた！

　激高する赤鬼に対して、青鬼が「少しはわきまえろ！」などと怒鳴りつける場面は珍しくありません。青鬼が「おまえ、さっきからうるさいんだよ！」と怒鳴りつけて、平手で赤鬼を２度力一杯引っぱたいたのを見たことがあります。
　我々に暴力を振るえば、直ちに110番となりますが、「身内への躾」という体裁をとっているので、実際上の検挙リスクはありませ

ん。しかし、交渉相手への効果は絶大です。人を殴る場面など非日常以外の何ものでもありません。見せられた側にとっては大変強烈なシーンです。数十秒後、殴られた赤鬼の目尻は変色が始まっていたので、暴力の陰惨さを印象づけるに十分なものでした。

　このような行為は、無論、剥きだしの暴力をこのような形で見せつけることによって、「次は我が身か？」と交渉相手が想像力を働かせるのを、期待してなされる計算づくの行為です。すなわち演出です。我々の出方を見て、ときとしてここまで過激な演出がなされることもあるので、冷静に対処してください。

Q14 「ふざけんなー」などと激高して大声を出された場合の対応はどのようにすればよいでしょうか？

A　よい対応は、「お話は十分聞こえています。そんな大きな声を出さないでください」と粛々とした対応です。まずい対応は、怒鳴られて萎縮してしまい、その後やりたい放題の放言を事実上認めてしまう対応です。

　大声も彼らの「演出」です。「俺はキレやすいタイプ。だから対応に注意したほうがいいよ」ということをアピールする演出です。これも「非日常の世界」に私たちを引きずりこむ手法のひとつです。

　淡々と「お話は十分聞こえています。そんな大きな声を出さないでください」と返すのがベストです。しかし大声を聞いて、突然脈拍が上がってしまうこともあります（私自身、最初の頃は耳の奥に心臓の音が聞こえるほど緊張しました）。そんな状態で毅然とした対応は本当に難しく、毅然と振る舞おうとすればするほど言動がギ

クシャクしてしまいます。そんな姿を見て、彼らは「しめしめ効果があったぞ」とますます元気になります。

　逆転の発想です。大声を出されて脈が上がるということは「怖い」ということです。怯えた態度でも構わないので「大声を出されると（あるいは睨みつけられると）、私、本当に怖いですから止めてください。本当に怖いです。怖くて病気になっちゃいそうです。怖いですから、お願いだから止めてください」と言ってください。

　言葉を発せられないくらい怖くなることもありえます。先述のボッタクリバーで凄まれた人が、何を言われても「すみません」しか言えなくなっている状況も、類似の状況といえるでしょう。反社会的勢力対応はこちらも複数対応が鉄則ですから、複数のうちひとりが本当に固まってしまったら、他の人が固まった人に「大丈夫ですか？」と、まず一言声をかけます。そのうえで、相手に向かって「具合が悪くなってしまうから、大声を出さないでくださいね」と制してください。

　大声を出すことによって、こちらが「逆らわなくなること」が狙いですから、逆らわないといったレベルを超えて「恐怖に打ちひしがれている状況」が作出されることは、彼らにとってリスクでもあるのです。「怖い。怖い」を連発すると、「脅迫罪」や「恐喝罪」が反社会的勢力の脳裏によぎり始めるので静かになります。

　実際には、「赤鬼はキレやすい奴ですよ」ということがこちらに伝われば、彼らにとって目的は達成ずみになります。青鬼が「おまえ、そんな大きな声出さなくてもいいんだよ」などと言って、自ら幕引きすることが多いのです。ひとりで乗り込んできた場合には、幕引き役がいないので、こちらで「大声を出す必要はないです」と制するか、「大声を出されると怖いから止めてください」と、逆に彼らのリスクを示唆するなどして幕引きする必要があります。

コラム⑦ 「ふざけるな」と言われたとき、私たちはふざけているのでしょうか？

　法治国家における妥当な回答を提案している我々の対応に対して、「窮すれど黙することはできない」彼らの行動原理から、いわば窮余の策として発せられるのが「ふざけんなよ」という発言です。しかしよくよく考えれば、私たちは全くふざけていません。職務として反社会的勢力対応を黙々と行っているのです。真面目に仕事をしているのです。

　交渉途上で、反社会的勢力に対して『それにしても、この人たちはふざけたことを延々と主張する人たちだなぁ』と、こちらの胸中にふざけるなという気持が湧き上がってくることがあります。ふざけたことを言っている彼らが、誠実に対応している我々に対して、「ふざけるな」などということは本来言語道断なのです。

　「私のどこがふざけているとおっしゃっているのですか？　私は、今も貴方様のお申し出を真剣に伺って誠実に対応しているではないですか？」と喉元まで出てくるでしょう。しかし①相手と会話のキャッチボールを始めることになる、②やり込められたことで、面子を潰されたと受け止める可能性がある、この２点を思い描きぐっと呑み込んでください。ただし、『ふざけているのはアナタ方でしょ』という気持は大切です。それは対応の端々に必ず滲み出てきます。

　彼らの言動を「怖い」と感じる方もいらっしゃれば、逆に「なぜここまで言われて、呑み込まなければならないのか？」という方もいらっしゃるでしょう。

　実は私も、「今真剣にアナタのお話を伺っていますよ。解決に向けて頭をフル回転させて、一生懸命に対応していますよ。ふざけるななどと言われる理由はないし心外です」と言いきることがあります。しかし、そこから会話のキャッチボールが始まらないようにします。相手は気圧されて沈黙するので、「それでは、先ほどのお申し出ですが…」と水を向けます。こちらが「腹の底から怒っている」ということが、垣間見えた瞬間に勝負がつくこともあるので

す。
　しかし、反社会的勢力対応の基本は「清々粛々」です。相手をやり込めたり相手を諭す必要はなく、するべきではないのです。交渉することが生業の弁護士から少々強いことを言われるのと、企業人である皆様から強いことを言われたときの彼らの受け止め方は異なります。「素人の癖になめるなよ」という身勝手な理屈を持ち出しかねず、それが嵩じて「面子をつぶされた」などということになることは回避すべきです。
　目的は交渉をしかるべき着地点に着かせることで、それは面子を潰さなくともできることです。『一言くらいは言い返したい』という方もいらっしゃるとは思いますが、ここはぐっと我慢して「清々粛々」と対応してください。

Q15　交渉が膠着した場合（こちらの説明や回答に「納得できない」を執拗に繰り返す場合等）には、どのように対応すればよいのでしょうか？

A　相手の要求に応じられない理由を説明したうえで、「どのように言われましても、応じられないものは応じられません」と結論を繰り返し伝えます。

　しかし、それでも「納得いかない」と延々と繰り返されることが少なくありません。相手は最初から納得する気はないのですから、納得してお引取りいただく通常のビジネスの交渉場面は忘れてください。必要十分な説明を行っても納得しないのであれば、「話合いで解決できないなら、公正な第三者のご判断を仰ぐほかないと思料いたします」と返してください。それでもお帰りいただけないのであれば、「業務に差し障りますのでお引取りください。お引取りいただけないのであれば、警察に通報します」と告げて、警察に通報

してください。

　私は、ほぼ毎回次のような説明を行って幕引きとしています。ご参考までに紹介します。

　「世の中、もめごとが起きれば、まず話合いで解決するように努力します。しかし、残念ながら話合いで解決できない場合、法治国家ですから裁判所に判断してもらうしかないですね」。

Q16 「警察に行くぞ」「訴えるぞ」「マスコミに言うぞ」という挑発への対応はどのようにすればよいでしょうか？

A　「私どものほうで、『どうぞ行ってください』とか『それは止めてください』とコメントする立場にはありませんので、そちら様でご判断ください。そのご判断に、特にコメントする立場でもございません」と返してください。

　なお、Q15の最後に紹介しました「話合いで解決できない場合、裁判所で判断してもらうしかないですね」という幕引きの言葉に、「今、おたくは『訴えろ』と言ったな」という反応がときにあります。もちろん「訴えろ」と言っているわけではありません。紛争が話合いで解決できない場合の選択肢は、法治国家である以上、決闘といった選択はありえません。『司法解決によるほかないですね』という、交渉が暗礁に乗り上げたときの選択肢を説明したまでで、それを選択するかどうかは相手の判断です。

Q▶17 「元気のよすぎるのも考えもんだ。世の中何事もほどほどだよ」の捨て台詞は何か警告めいていますが、今後何かあるのでしょか？

A 基本的に何もないと考えてください。
　我々が交渉に勝利したときでも、反社会的勢力は憔悴して帰ることはありません。必ず「これから大変なことになる」「これから面倒なことになる」といったニュアンスの捨て台詞を吐いて肩で風を切って帰っていきます。これは彼らの大切な儀式です。最後に、精一杯面子を保つ儀式をとり行っただけのことですから、反応する必要も、後のことを危惧する必要もありません。
　もし「脅し」と感じたのであれば、必ず所轄警察に報告しておいてください。その結果、事件化できるレベルに至らないという判断になったとしても、きちんと報告して相談することが外部の専門機関との連携という点で重要な意義を持ちます。

第7章 Q&Aで理解する 相手方代理人のチェックと対応法

Q 18 自称代理人は弁護士法に抵触しないのでしょうか？

《説　例》　債務返済のスケジュールの相談に融資先の社長さんが来られたのですが、代理人と称して怪しげな名刺を持った方が同行してきました。委任状は整っていたのですが、元本カットといった相当無理な主張を強硬に主張して、長時間居座られました。このような人にはどのように対応すればよいのでしょうか。

A　弁護士法に抵触する可能性があります。

　代理人と称して、紛争に介入してくる者は少なからずいます。彼らが一番恐れているのは、弁護士法です。最近スルガコーポレーション事件で脚光を浴びた弁護士法ですが、このような弁護士資格もないのに紛争に介入して、暴利をむさぼる者も検挙されています。

　弁護士法72条は「非弁護士の法律事務取扱い等の禁止」が定められており、その構成要件は、
①主体……弁護士または弁護士法人でない者
②行為……一般の法律事件に関する法律事務の取扱い行為および一般の法律事件に関する法律事務（鑑定・代理・仲裁・和解）の取扱いの周旋行為
③目的……報酬を得る目的があること

83

④業態……業としてなされること

となります。

「業としてなされる」とは、反復的にまたは反復継続する意思をもって法律事務の取扱い等をし、それが業務性を帯びた場合をいうとされています（最判昭和50年4月4日）。反復継続の意思があれば、具体的になされた行為の多少は問いません（最決昭和34年12月5日）。

すなわち弁護士でない者が、法律上の権利義務に関して争いがあるときに、代理人として報酬をもらって反復して関わることは禁止されています。違反者には、2年以下の懲役または300万円以下の罰金が刑罰として用意されています（弁護士法77条）。

このような代理人として介入してくる者は、こちらが聞きもしないのに「ボランティアでやっています」とか「社会正義の観点から銭金抜きでやっています」「昔からこちらの社長さんにはお世話になっていますので、今回は特別に人助けということで」などと弁解を連ねます。

Q▶19 代理人が同行した場合には必ず委任状を確認するようマニュアル本に書いていますが、この確認作業は具体的にどのように行えばよいのでしょうか？

A 特段の確認作業は不要です。確認作業の結果、問題点を指摘されるような曖昧な委任状を作ってこないからです。

代理人として同行してくる者は、必ず委任状を持ってきます。

したがって、こちらが提示を求めなくとも、「はい、これ。委任

状」と言って「委任状」を出してきます。委任状については、マニュアル本に「代理人と称する者が登場したら、必ず委任状を確認すること」と書いてあります。しかし反社会的勢力は、そういったマニュアル本・対策本をよく勉強しているので、「委任状を見せてください」などと言えば、「はいはい、委任状ですね。どうぞどうぞ」と誇らしげに委任状を提示してきます。大事な小道具ですから不備などあるはずがありません。

担当者が真剣に委任状を検討しているのを、『どうだ。問題ないだろう』と言わんばかりに嬉しそうに見ているものです。担当者が委任状をひと通り一読した頃を見計らって、「何か問題ありますか」とニヤニヤしながら言ってきます。担当者は「問題ありません」と答えるほかないのです。

交渉のスタートの時点で、相手を喜ばせる必要はありません。委任状があってもなくても、弁護士法違反を実行する者であれば排除する必要があります。委任状には住所等の情報も記入されているかもしれないので、別段もらっても損はないので（多くの場合、怪しげな名刺を最初に出すので、委任状に記載されている情報は取得済みのことが多いですが）、受け取っても構いません。しかし、しげしげとチェックするには及びません。

「委任状をください」「はいはい委任状ね。はい、これです」と手渡せられたら、ざっと一瞥するか読まずに脇におくなどして、反社会的勢力の小道具を粗末に扱ってください。「よく読まなくていいんですか」などと言われたら、「あとで読みます。結構です」と冷たく対応してください。

Q▶20 委任状の形式が一応整っていれば、代理人と称する人と交渉しなければならないのでしょうか？

A 　　交渉から排除することは困難ですが、必ず牽制作業を行ってください。

　代理人と称して登場する反社会的勢力は、それを生業としている交渉のプロです。したがって交渉に参加させたくないので、私は一律に排除しています。たいてい本人（委任者）と同行しているので、「ご本人は未成年でもなく、立派な社会人です。私はご本人とお話させていただきたいので、お引取りください」の一点張りで、引き取ってもらいます。

　しかし、金融機関の担当者が代理人介入型の反社会的勢力を、一点張り方式で追い返すことは困難です。基本的には二者間に委任契約が締結され、それが弁護士法に抵触するものであることを証拠をもって立証できない段階でのお引取り要求は、リクエストベースのものと考えるべきです。

　そこで、ぜひ実行していただきたいのは、牽制球を投げることです。牽制球を投げてアウトをとれなくてもよいです。

　次の代理人に関する確認シートが効果的な牽制球となります。

●代理人に関する確認シート〈例〉

> 　弊社では、昨今のコンプライアンスを徹底する社会環境・法環境に鑑み代理人ないし付添い人等といったお立場で弊社を訪問される方々に、次の事項を確認させていただいております（ただし弁護士資格を保有する代理人は除く）。
>
> 　1．ご本人との関係

第7章　Q&Aで理解する　相手方代理人のチェックと対応法

> 　2．今般代理人となることについて報酬の取決めはあります
> 　　か？
> 　　（具体的な金額についてはお答えいただく必要はありません）
> 　　　・有
> 　　　・無
> 　3．代理人として折衝等されることは継続的に行われているこ
> 　　とですか？
> 　　　・今回初めて
> 　　　・過去にもある（頻度について具体的に記入願います）
>
> 　　　　　　　　　　　　　住所
> 　　　　　　　　　　　　　氏名
>
> 　　チェック欄　　　委任状の有無　　有・無

　いかがでしょうか。代理人介入型の反社会的勢力は弁護士法違反を恐れています。このシートを一読しただけで、「この組織は弁護士法を熟知し意識しているな」ということがわかります。シートへの反応は、「報酬取決め無、今回が初めて」と問題とならない項目に○をつけるパターン。「報酬とか失礼じゃないか。プライバシーの問題だ」などと逆ギレするパターンがあります。逆ギレは「ヤバイ」と思っている証拠ですから、

　「プライバシーにわたらないように報酬額等に踏み込まないように配慮しておりますし、ご一読いただければご理解いただけたと思います。昨今弁護士法違反についてニュースで流れるといったこともあり、弊社といたしましては基本的に代理人は弁護士さんをお願いしているのです。弁護士資格をお持ちでない方については、最低限法令の要件について確認させていただくという趣旨でございま

87

す。プロセス重視という要請もありますので、何とぞよろしくお願いいたします」。

　と丁寧に説明してください。渋々「報酬無・今回初めて」に○をつけると思います。

　この確認シートに、真実報酬の取決めがあったとしても「報酬有」などと書く人はいません。万一そのような記載があり反復継続性も認められれば、「弁護士法に抵触するので同席はお断りします。当局へ通報いたします」で足ります。

　そうすると、『どうせ報酬も反復継続性も無しという答えが返ってくるのに、なぜこのようなシートを準備するのか』という疑問が生じるかもしれません。

　ここがまさに牽制球たる由縁です。代理人介入型の反社会的勢力最大のウィークポイントは弁護士法です。この確認シート〈例〉には、２つの質問事項が記載されているだけですが、そこから読み取れるメッセージは、『私たちは弁護士法を知っています。あなたのことも相当怪しいと疑っていますよ。でもどうせボランティアって言うのでしょ。だから即弁護士法違反といって追い返しはしません。でも、しっかりウォッチしていますからね』というものです。「人助けでやっているのに、なんと失礼な」と激昂するかもしれませんが、実は怖くてたまらないのです。

　代理人介入型の検挙事例が現実に存在し、それら検挙される者らは反社会的勢力であり、そういった反社会的勢力とはいっさいの関係遮断をせよと政府指針が述べているのです。

　毅然と「私どもは、あなたが法令違反をしているなどと決め付けているわけでもなんでもないです。しかし代理人として登場される方が、弁護士法違反で検挙されるということもあると聞いています。そういう方と我々はどのような形であれ、たとえ交渉の相手で

あれいっさいの関係を持ってはならないと、政府指針でも明確に謳っている以上、必要な確認はさせていただきます」と説明してください。

なお、確認シートは必ず代理人に記入してもらうようにしてください。自らの筆跡を残させる＝それ自体も効果的な牽制となります。

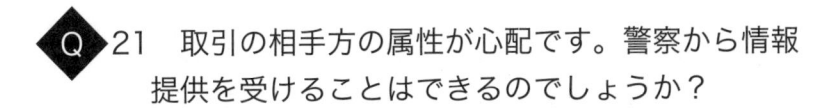

Q21 取引の相手方の属性が心配です。警察から情報提供を受けることはできるのでしょうか？

A 警察庁は、平成12年に「暴力団排除等のための部外への情報提供について」を発して、暴力団情報の部外への提供についての判断の基準および手続を明らかにしました。しかし、警察はあくまで捜査のため、公益のために情報を収集しているので、部外への情報提供は当然のことながら、相当程度の切迫性や必要性が要件となります。

具体的には、①暴力団被害が発生し、また発生するおそれがある場合、または②暴力団の活動に打撃を与えるために必要な場合である、ことが要件となります。

提供を受けることのできる情報内容についても、以下の基準が定められています。①個人情報以外の情報提供（すなわち団体情報です）。②前記①によって公益を実現することができない場合には、当該相手方を暴力団団員等として認定している旨の情報（属性情報）。③前記②によってもなお公益を実現することができない場合に、当該相手方のそれ以外の個人情報（ただし前科・前歴情報は除く）。

●資料1　企業が反社会的勢力による被害を防止するための指針

　　　企業が反社会的勢力による被害を防止するための指針について

$\begin{pmatrix} 平成１９年６月１９日 \\ 犯罪対策閣僚会議幹事会申合せ \end{pmatrix}$

　近年、暴力団は、組織実態を隠ぺいする動きを強めるとともに、活動形態においても、企業活動を装ったり、政治活動や社会運動を標ぼうしたりするなど、更なる不透明化を進展させており、また、証券取引や不動産取引等の経済活動を通じて、資金獲得活動を巧妙化させている。

　今日、多くの企業が、企業倫理として、暴力団を始めとする反社会的勢力と一切の関係をもたないことを掲げ、様々な取組みを進めているところであるが、上記のような暴力団の不透明化や資金獲得活動の巧妙化を踏まえると、暴力団排除意識の高い企業であったとしても、暴力団関係企業等と知らずに結果的に経済取引を行ってしまう可能性があることから、反社会的勢力との関係遮断のための取組みをより一層推進する必要がある。

　言うまでもなく、反社会的勢力を社会から排除していくことは、暴力団の資金源に打撃を与え、治安対策上、極めて重要な課題であるが、企業にとっても、社会的責任の観点から必要かつ重要なことである。特に、近時、コンプライアンス重視の流れにおいて、反社会的勢力に対して屈することなく法律に則して対応することや、反社会的勢力に対して資金提供を行わないことは、コンプライアンスそのものであるとも言える。

　さらには、反社会的勢力は、企業で働く従業員を標的として不当要求を行ったり、企業そのものを乗っ取ろうとしたりするなど、最終的には、従業員や株主を含めた企業自身に多大な被害を生じさせるものであることから、反社会的勢力との関係遮断は、企業防衛の観点からも必要不可欠な要請である。

　このような認識の下、犯罪対策閣僚会議の下に設置された暴力団資金源等総合対策ワーキングチームにおける検討を経て、企業が反社会的勢力による被害を防止するための基本的な理念や具体的な対応について、別紙のとおり「企業が反社会的勢力による被害を防止するための指針」を取りまとめた。

　関係府省においては、今後、企業において、本指針に示す事項が実施され、その実効が上がるよう、普及啓発に努めることとする。

　　　　　　　　　　　　　　　　　　　　　　　　　　　　　　（別紙）

　　　企業が反社会的勢力による被害を防止するための指針

　　　　　～前文略～（上掲と同じ）

本指針は、このような認識の下、反社会的勢力による被害を防止するため、基本的な理念や具体的な対応を取りまとめたものである。

1　反社会的勢力による被害を防止するための基本原則
○　組織としての対応
○　外部専門機関との連携
○　取引を含めた一切の関係遮断
○　有事における民事と刑事の法的対応
○　裏取引や資金提供の禁止

2　基本原則に基づく対応
(1)　反社会的勢力による被害を防止するための基本的な考え方
○　反社会的勢力による不当要求は、人の心に不安感や恐怖感を与えるものであり、何らかの行動基準等を設けないままに担当者や担当部署だけで対応した場合、要求に応じざるを得ない状況に陥ることもあり得るため、企業の倫理規程、行動規範、社内規則等に明文の根拠を設け、担当者や担当部署だけに任せずに、代表取締役等の経営トップ以下、組織全体として対応する。
○　反社会的勢力による不当要求に対応する従業員の安全を確保する。
○　反社会的勢力による不当要求に備えて、平素から、警察、暴力追放運動推進センター、弁護士等の外部の専門機関（以下「外部専門機関」という。）と緊密な連携関係を構築する。
○　反社会的勢力とは、取引関係を含めて、一切の関係をもたない。また、反社会的勢力による不当要求は拒絶する。
○　反社会的勢力による不当要求に対しては、民事と刑事の両面から法的対応を行う。
○　反社会的勢力による不当要求が、事業活動上の不祥事や従業員の不祥事を理由とする場合であっても、事案を隠ぺいするための裏取引を絶対に行わない。
○　反社会的勢力への資金提供は、絶対に行わない。
(2)　平素からの対応
○　代表取締役等の経営トップは、(1)の内容を基本方針として社内外に宣言し、その宣言を実現するための社内体制の整備、従業員の安全確保、外部専門機関との連携等の一連の取組みを行い、その結果を取締役会等に報告す

＊　暴力、威力と詐欺的手法を駆使して経済的利益を追求する集団又は個人である「反社会的勢力」をとらえるに際しては、暴力団、暴力団関係企業、総会屋、社会運動標ぼうゴロ、政治活動標ぼうゴロ、特殊知能暴力集団等といった属性要件に着目するとともに、暴力的な要求行為、法的な責任を超えた不当な要求といった行為要件にも着目することが重要である。

る。
○　反社会的勢力による不当要求が発生した場合の対応を統括する部署（以下「反社会的勢力対応部署」という。）を整備する。反社会的勢力対応部署は、反社会的勢力に関する情報を一元的に管理・蓄積し、反社会的勢力との関係を遮断するための取組みを支援するとともに、社内体制の整備、研修活動の実施、対応マニュアルの整備、外部専門機関との連携等を行う。
○　反社会的勢力とは、一切の関係をもたない。そのため、相手方が反社会的勢力であるかどうかについて、常に、通常必要と思われる注意を払うとともに、反社会的勢力とは知らずに何らかの関係を有してしまった場合には、相手方が反社会的勢力であると判明した時点や反社会的勢力であるとの疑いが生じた時点で、速やかに関係を解消する。
○　反社会的勢力が取引先や株主となって、不当要求を行う場合の被害を防止するため、契約書や取引約款に暴力団排除条項＊を導入するとともに、可能な範囲内で自社株の取引状況を確認する。
○　取引先の審査や株主の属性判断等を行うことにより、反社会的勢力による被害を防止するため、反社会的勢力の情報を集約したデータベースを構築する。同データベースは、暴力追放運動推進センターや他企業等の情報を活用して逐次更新する。
○　外部専門機関の連絡先や担当者を確認し、平素から担当者同士で意思疎通を行い、緊密な連携関係を構築する。暴力追放運動推進センター、企業防衛協議会、各種の暴力団排除協議会等が行う地域や職域の暴力団排除活動に参加する。

(3)　有事の対応（不当要求への対応）
○　反社会的勢力による不当要求がなされた場合には、当該情報を、速やかに反社会的勢力対応部署へ報告・相談し、さらに、速やかに当該部署から担当取締役等に報告する。
○　反社会的勢力から不当要求がなされた場合には、積極的に、外部専門機関に相談するとともに、その対応に当たっては、暴力追放運動推進センター等が示している不当要求対応要領等に従って対応する。要求が正当なものであるときは、法律に照らして相当な範囲で責任を負う。
○　反社会的勢力による不当要求がなされた場合には、担当者や担当部署だけに任せずに、不当要求防止責任者を関与させ、代表取締役等の経営トップ以

＊　契約自由の原則が妥当する私人間の取引において、契約書や契約約款の中に、①暴力団を始めとする反社会的勢力が、当該取引の相手方となることを拒絶する旨や、②当該取引が開始された後に、相手方が暴力団を始めとする反社会的勢力であると判明した場合や相手方が不当要求を行った場合に、契約を解除してその相手方を取引から排除できる旨を盛り込んでおくことが有効である。

下、組織全体として対応する。その際には、あらゆる民事上の法的対抗手段を講ずるとともに、刑事事件化を躊躇しない。特に、刑事事件化については、被害が生じた場合に、泣き寝入りすることなく、不当要求に屈しない姿勢を反社会的勢力に対して鮮明にし、更なる不当要求による被害を防止する意味からも、積極的に被害届を提出する。
○ 反社会的勢力による不当要求が、事業活動上の不祥事や従業員の不祥事を理由とする場合には、反社会的勢力対応部署の要請を受けて、不祥事案を担当する部署が速やかに事実関係を調査する。調査の結果、反社会的勢力の指摘が虚偽であると判明した場合には、その旨を理由として不当要求を拒絶する。また、真実であると判明した場合でも、不当要求自体は拒絶し、不祥事案の問題については、別途、当該事実関係の適切な開示や再発防止策の徹底等により対応する。
○ 反社会的勢力への資金提供は、反社会的勢力に資金を提供したという弱みにつけこまれた不当要求につながり、被害の更なる拡大を招くとともに、暴力団の犯罪行為等を助長し、暴力団の存続や勢力拡大を下支えするものであるため、絶対に行わない。

3　内部統制システムと反社会的勢力による被害防止との関係
　会社法上の大会社や委員会設置会社の取締役会は、健全な会社経営のために会社が営む事業の規模、特性等に応じた法令等の遵守体制・リスク管理体制（いわゆる内部統制システム）の整備を決定する義務を負い、また、ある程度以上の規模の株式会社の取締役は、善管注意義務として、事業の規模、特性等に応じた内部統制システムを構築し、運用する義務があると解されている。
　反社会的勢力による不当要求には、企業幹部、従業員、関係会社を対象とするものが含まれる。また、不祥事を理由とする場合には、企業の中に、事案を隠ぺいしようとする力が働きかねない。このため、反社会的勢力による被害の防止は、業務の適正を確保するために必要な法令等遵守・リスク管理事項として、内部統制システムに明確に位置付けることが必要である。

● 資料2　企業が反社会的勢力による被害を防止するための指針に関する解説

　企業が反社会的勢力による被害を防止するための指針に関する解説

(1) 本指針の対象や法的性格

　本指針は、あらゆる企業を対象として、反社会的勢力による被害を防止する

ための基本的な理念や具体的な対応を定めたものであり、法的拘束力はない。

したがって、本指針の内容を完全に実施しなかったからといって、直ちに、罰則等の何らかの不利益が、与えられるものではない。また、中小企業や零細企業においては、これらの内容を忠実に実施することは困難を伴うため、適宜、企業規模に応じて、指針の5つの基本原則を中心とした適切な対応をすることが大切である。

なお、法的拘束力はないが、本指針策定後、例えば、取締役の善管注意義務の判断に際して、民事訴訟等の場において、本指針が参考にされることなどはあり得るものと考えている（例えば、東証一部上場のミシン等製造販売会社の取締役に対する損害賠償請求訴訟における最高裁判決（平成18年4月10日）が参考となる）。

(2) 反社会的勢力との関係遮断を社内規則等に明文化する意義

今日、反社会的勢力との関係遮断については、（社）日本経済団体連合会の「企業行動憲章」のほか、多くの企業が、当該企業の企業倫理規程の中に盛り込んでいる。

かかる企業倫理規程は、従業員の倫理に期待し、従業員の自発的な適正処理を促すために有用であるものの、反社会的勢力への対応を、単に従業員の倫理の問題としてとらえると、企業内に、反社会的勢力の不当要求を問題化せず安易に解決しようとする者がいる場合に、反社会的勢力と直接に対峙する担当者が、相手方の不当要求と当該社内関係者の判断との間で板挟みになり、従業員の倫理だけでは処理しきれない問題に直面し、判断を誤らせるおそれがある。また、反社会的勢力への対応は、その性質上、企業の担当者が当該問題を企業にとって不名誉なことと受け取ったり、相手方に対する恐怖心を抱いたりすることから、適切に処理することに困難が伴う。

そこで、反社会的勢力との関係遮断を更に確実なものとするため、反社会的勢力との関係遮断を、単なる倫理の問題としてとらえるのではなく、法令遵守に関わる重大な問題としてとらえ、外部専門機関と連携して、その助言・助力を得て法的に対応し、問題を解決することを手順化することが有効となる。

そのためには、企業は、反社会的勢力との関係遮断を、内部統制システムの法令等遵守・リスク管理事項として明記するとともに、社内規則等の服務規程の中にも規定することが重要と考えられる。

(3) 不当要求の二つの類型（接近型と攻撃型）

反社会的勢力による不当要求の手口として、「接近型」と「攻撃型」の2種

類があり、それぞれにおける対策は、次のとおりである。
① 接近型（反社会的勢力が、機関誌の購読要求、物品の購入要求、寄付金や賛助金の要求、下請け契約の要求を行うなど、「一方的なお願い」あるいは「勧誘」という形で近づいてくるもの）
　→　契約自由の原則に基づき、「当社としてはお断り申し上げます」「申し訳ありませんが、お断り申し上げます」等と理由を付けずに断ることが重要である。理由をつけることは、相手側に攻撃の口実を与えるのみであり、妥当ではない。
② 攻撃型（反社会的勢力が、企業のミスや役員のスキャンダルを攻撃材料として公開質問状を出したり、街宣車による街宣活動をしたりして金銭を要求する場合や、商品の欠陥や従業員の対応の悪さを材料としてクレームをつけ、金銭を要求する場合）
　→　反社会的勢力対応部署の要請を受けて、不祥事案を担当する部署が速やかに事実関係を調査する。仮に、反社会的勢力の指摘が虚偽であると判明した場合には、その旨を理由として不当要求を拒絶する。また、仮に真実であると判明した場合でも、不当要求自体は拒絶し、不祥事案の問題については、別途、当該事実関係の適切な開示や再発防止策の徹底等により対応する。

(4) 反社会的勢力との一切の関係遮断

　反社会的勢力による被害を防止するためには、反社会的勢力であると完全に判明した段階のみならず、反社会的勢力であるとの疑いを生じた段階においても、関係遮断を図ることが大切である。
　勿論、実際の実務においては、反社会的勢力の疑いには濃淡があり、企業の対処方針としては、
① 直ちに契約等を解消する
② 契約等の解消に向けた措置を講じる
③ 関心を持って継続的に相手を監視する（＝将来における契約等の解消に備える）
などの対応が必要となると思われる。
　ただ、いずれにせよ、最終的に相手方が反社会的勢力であると合理的に判断される場合には、関係を解消することが大切である。
　なお、金融機関が行った融資等、取引の相手方が反社会的勢力であると判明した時点で、契約上、相手方に期限の利益がある場合、企業の対応としては、関係の解消までに一定の期間を要することもあるが、不当要求には毅然と対応しつつ、可能な限り速やかに関係を解消することが大切である。

(5) 契約書及び取引約款における暴力団排除条項の意義

　暴力団を始めとする反社会的勢力が、その正体を隠して経済的取引の形で企業に接近し、取引関係に入った後で、不当要求やクレームの形で金品等を要求する手口がみられる。また、相手方が不当要求等を行わないとしても、暴力団の構成員又は暴力団と何らかのつながりのある者と契約関係を持つことは、暴力団との密接な交際や暴力団への利益供与の危険を伴うものである。
　こうした事態を回避するためには、企業が社内の標準として使用する契約書や取引約款に暴力団排除条項を盛り込むことが望ましい。
　本来、契約を結ぶまでの時点では、〈契約自由の原則〉に基づき、反社会的勢力との契約を、企業の総合的判断に基づいて拒絶することは自由である。また、契約関係に入ってからの時点においても、相手方が違法・不当な行為を行った場合や、事実に反することを告げた場合には、〈信頼関係破壊の法理〉の考え方を踏まえ、契約関係を解除することが適切である。
　したがって、暴力団排除条項の活用に当たっては、反社会的勢力であるかどうかという属性要件のみならず、反社会的勢力であることを隠して契約を締結することや、契約締結後違法・不当な行為を行うことという行為要件の双方を組み合わせることが適切であると考えられる。

(6) 不実の告知に着目した契約解除

　暴力団排除条項と組み合わせることにより、有効な反社会的勢力の排除方策として不実の告知に着目した契約解除という考え方がある。
　これは、契約の相手方に対して、あらかじめ、「自分が反社会的勢力でない」ということの申告を求める条項を設けておくものである。
　この条項を設けることにより、
○　相手方が反社会的勢力であると表明した場合には、暴力団排除条項に基づき、契約を締結しないことができる。
○　相手方が反社会的勢力であることについて明確な回答をしない場合には、契約自由の原則に基づき、契約を締結しないことができる。
○　相手方が反社会的勢力であることについて明確に否定した場合で、後に、その申告が虚偽であることが判明した場合には、暴力団排除条項及び虚偽の申告を理由として契約を解除することができる。

(7) 反社会的勢力による株式取得への対応

反社会的勢力が、企業の株式を取得した場合、株主の地位を悪用して企業に対して不当要求を行うおそれがあり、また、反社会的勢力が企業の経営権を支配した場合、他の株主、取引先、提携先、従業員等の犠牲の下、支配株主たる反社会的勢力のみの利益をはかるような経営が行われ、企業価値が不当に収奪されるおそれがある。そのため、反社会的勢力に企業の株式を取得されないように対策を講ずる必要がある。

反社会的勢力による株式取得には、不当要求の手段として取得する場合や、買収・乗っ取りの手段として取得する場合があるが、これらに対抗するためには、まず前提として、株式を取得しようとする者が反社会的勢力であるか否かを判断することが重要であると考えられる。

(8) 反社会的勢力の情報を集約したデータベースの構築

① 企業に対するアンケート調査結果について

平成18年10月、全国暴力追放運動推進センターが行った「企業の内部統制システムと反社会的勢力との関係遮断に関するアンケート調査」によると、

〈各業界ごとに、反社会的勢力に関する公開情報及び各企業からの情報を集約・蓄積し、加盟企業が情報照会を行うデータベースを構築すること〉

について、その良否を質問したところ、「よいと思う」との回答が大部分（87％）を占めた。このアンケート結果を踏まえると、確かに

○ 情報共有の仕組みを構築するには、参加企業間に信頼関係が必要であること
○ 反社会的勢力排除の取組姿勢について、企業間に温度差があること
○ 民間企業の保有する情報には限界があること

など、様々な実務的な検討課題があるものの、各業界団体ごとに反社会的勢力に関する情報データベースを構築することは、極めて有効な取組ではないかと考えられる。

② 不当要求情報管理機関について

暴力団対策法は、不当要求情報に関する情報の収集及び事業者に対する当該情報の提供を業とする者として、「不当要求情報管理機関」という任意団体の仕組みを規定しており、現在、(1)財団法人競艇保安協会、(2)財団法人競馬保安協会、(3)社団法人警視庁管内特殊暴力防止対策連合会の３つが登録されている。

また、警察庁、金融庁、日本証券業協会、東京証券取引所等による証券保安連絡会においては、証券会社間における反社会的勢力に関する情報の集約・共有を行うための証券版〈不当要求情報管理機関（仮称）〉の設置を検討中であり、今後、本指針の普及過程において、他の業界から証券業界と同様の要望が

あるならば、警察としては、証券保安連絡会における議論の推移を踏まえつつ、前向きに検討したいと考えている。

(9) 警察署や暴力追放運動推進センターとの緊密な関係

警察署の暴力担当課の担当者や、暴力追放運動推進センターの担当者と、暴排協議会等を通じて、平素から意思疎通を行い、反社会的勢力による不当要求が行われた有事の際に、躊躇することなく、連絡や相談ができるような人間関係を構築することが重要である。

また、暴力追放運動推進センターが行っている不当要求防止責任者に対する講習等を通じて、不当要求に対する対応要領等を把握することも重要である。

(10) 警察からの暴力団情報の提供

暴力団情報については、警察は厳格に管理する責任（守秘義務）を負っているが、国民を暴力団による不当な行為から守るとともに、社会から暴力団を排除するため、警察の保有する情報を活用することも必要である。

そこで、警察庁においては、平成12年に、「暴力団排除等のための部外への情報提供について」（平成12年９月14日付　警察庁暴力団対策部長通達）において、暴力団情報の部外への提供についての判断の基準及び手続を定め、暴力団による犯罪等による被害の防止又は回復等の公益を実現するため適切に情報を提供するとともに、提供の是非の判断に当たっては組織としての対応を徹底している。

本指針における反社会的勢力排除のための企業からの照会についても、上記の基準及び手続に即して、適正に対処するものである。

(11) 個人情報保護法に則した反社会的勢力の情報の保有と共有

企業が、反社会的勢力の不当要求に対して毅然と対処し、その被害を防止するためには、各企業において、自ら業務上取得した、あるいは他の事業者や暴力追放運動推進センター等から提供を受けた反社会的勢力の情報をデータベース化し、反社会的勢力による被害防止のために利用することが、極めて重要かつ必要である。

反社会的勢力に関する個人情報を保有・利用することについては、事業者が個人情報保護法に違反することを懸念する論点があることから、本データベースを構成する反社会勢力の情報のうち個人情報に該当するものについて、反社会的勢力による被害防止という利用目的の下において、①取得段階、②利用段

階、③提供段階、④保有段階における個人情報の保護に関する法律（以下「法」という。）の適用についての基本的な考え方について整理すると、以下のとおりである。
① 取得段階
　事業者が、上記目的に利用するため反社会的勢力の個人情報を直接取得すること、又は事業者がデータベース化した反社会的勢力の個人情報を、上記目的に利用するため、他の事業者、暴力追放運動推進センター等から取得すること。
→ 利用目的を本人に通知することにより、従業員に危害が加えられる、事業者に不当要求等がなされる等のおそれがある場合、法18条4項1号（本人又は第三者の生命、身体又は財産その他の権利利益を害するおそれがある場合）及び2号（事業者の正当な権利又は利益を害するおそれがある場合）に該当し、本人に利用目的を通知または公表する必要はない。
② 利用段階
　事業者が、他の目的により取得した反社会的勢力の個人情報を上記目的に利用すること
→ こうした利用をしない場合、反社会的勢力による不当要求等に対処し損ねたり、反社会的勢力との関係遮断に失敗することによる信用失墜に伴う金銭的被害も生じたりする。また、反社会的勢力からこうした利用に関する同意を得ることは困難である。
　このため、このような場合、法16条3項2号（人の生命、身体又は財産の保護のために必要がある場合であって、本人の同意を得ることが困難であるとき）に該当し、本人の同意がなくとも目的外利用を行うことができる。
③ 提供段階
　事業者が、データベース化した反社会的勢力の個人情報を、上記目的のため、他の事業者、暴力追放運動推進センター等の第三者に提供すること
→ 反社会的勢力に関する情報を交換しその手口を把握しておかなければ、反社会的勢力による不当要求等に対処し損ねたり、反社会的勢力との関係遮断に失敗することによる信用失墜に伴う金銭的被害も生じたりする。また、反社会的勢力からこうした提供に関する同意を得ることは困難である。
　このため、このような場合、法23条1項2号（人の生命、身体又は財産の保護のために必要がある場合であって、本人の同意を得ることが困難であるとき）に該当し、本人の同意がなくとも第三者提供を行うことができる。
④ 保有段階
　事業者が、保有する反社会的勢力の個人情報について、一定の事項の公表等を行うことや、当該本人から開示（不存在である旨を知らせることを含む。）を求められること

→ 反社会的勢力の個人情報については、事業者がこれを保有していることが明らかになることにより、不当要求等の違法又は不当な行為を助長し、又は誘発するおそれがある場合、個人情報の保護に関する法律施行令3条2号（存否が明らかになることにより、違法又は不当な行為を助長し、又は誘発するおそれがあるもの）に該当し、法2条5項により保有個人データから除外される。

　このため、当該個人情報については、法24条に定める義務の対象とならず、当該個人情報取扱事業者の氏名又は名称、その利用目的、開示等の手続等について、公表等をする必要はない。

　本人からの開示の求めの対象は、保有個人データであり、上記のとおり、事業者が保有する反社会的勢力の個人情報は保有個人データに該当しないことから、当該個人情報について、本人から開示を求められた場合、「当該保有個人データは存在しない」と回答することができる。

(12) 反社会的勢力との関係遮断を内部統制システムに位置づける必要性

　会社法上の大会社や委員会設置会社の取締役会は、健全な会社経営のために会社が営む事業の規模、特性等に応じた法令等の遵守体制・リスク管理体制（いわゆる内部統制システム）の整備を決定する義務を負い、また、ある程度以上の規模の株式会社の取締役は、善管注意義務として、事業の規模、特性等に応じた内部統制システムを構築し、運用する義務があると解されている。反社会的勢力による不当要求は、
○　取締役等の企業トップを対象とするものとは限らず、従業員、派遣社員等の個人や関係会社等を対象とするものがあること
○　事業活動上の不祥事や従業員の不祥事を対象とする場合には、事案を関係者限りで隠ぺいしようとする力が社内で働きかねないこと
を踏まえると、反社会的勢力による被害の防止は、業務の適正を確保するために必要な法令等遵守・リスク管理事項として、内部統制システムに明確に位置づけることが必要である。このことは、ある程度以上の規模のあらゆる株式会社にあてはまる。また、反社会的勢力の攻撃は、会社という法人を対象とするものであっても、現実には、取締役や従業員等、企業で働く個人に不安感や恐怖感を与えるものであるため、反社会的勢力による被害を防止するための内部統制システムの整備に当たっては、会社組織を挙げて、警察や弁護士を始めとする外部専門機関と連携して対応することが不可欠である。

　すなわち、
○　取締役会が明文化された社内規則を制定するとともに、反社会的勢力対応部署と担当役員や従業員を指名すること

○ 制定した社内規則に基づいて、反社会的勢力対応部署はもとより、社内のあらゆる部署、会社で働くすべての個人を対象としてシステムを整備することが重要である。

⒀ 内部統制システムを構築する上での実務上の留意点

　内部統制システムの世界基準と言われているＣＯＳＯの体系によれば、内部統制システムは、⑴統制環境、⑵リスク評価、⑶統制活動、⑷情報と伝達、⑸監視活動の５項目から構築されるとされている。
　反社会的勢力との関係遮断を内部統制システムに位置付けるに際して、それぞれの項目における留意事項は次のとおりであるが、特に、リスク評価の部分は、重点的に管理すべき項目である点に留意する必要がある。
ア　統制環境
　・経営トップが、反社会的勢力との関係遮断について宣言を行う。
　・取締役会において、反社会的勢力との関係遮断の基本方針を決議する。
　・企業倫理規程等の中に、反社会的勢力との関係遮断を明記する。
　・契約書や取引約款に暴力団排除条項を導入する。
　・反社会的勢力との関係遮断のための内部体制を構築する（例えば、専門部署の設置、属性審査体制の構築、外部専門機関との連絡体制の構築等）。
イ　リスク評価
　・反社会的勢力による不当要求に応じることや、反社会的勢力と取引を行うことは、多大なリスクであることを認識し、反社会的勢力との関係遮断を行う。
　・特に、事業活動上の不祥事や従業員の不祥事を理由とする不当要求に対して、事案を隠ぺいするための裏取引を行うことは、企業の存立そのものを危うくするリスクであることを十分に認識し、裏取引を絶対に行わない。
ウ　統制活動
　・反社会的勢力による不当要求への対応マニュアルを策定する。
　・不当要求防止責任者講習を受講し、また、社内研修を実施する。
　・反社会的勢力との関係遮断の取組について、適切な人事考課（表彰や懲戒等）を行うとともに、反社会的勢力との癒着防止のため、適正な人事配置転換を行う。
エ　情報と伝達
　・反社会的勢力による不当要求がなされた場合には、直ちに専門部署へその情報が集約されるなど、指揮命令系統を明確にしておく。
　・反社会的勢力の情報を集約したデータベースを構築する。

- ・外部専門機関への通報や連絡を手順化しておく。
オ　監視活動
- ・内部統制システムの運用を監視するための専門の職員（リスク・マネージャーやコンプライアンス・オフィサー等）を配置する。

●資料3　主要行等向けの総合的な監督指針（抜粋）

（2008年12月現在）

Ⅲ－3－1－4　反社会的勢力による被害の防止
Ⅲ－3－1－4－1　意　　義

　反社会的勢力を社会から排除していくことは、社会の秩序や安全を確保する上で極めて重要な課題であり、反社会的勢力との関係を遮断するための取組みを推進していくことは、企業にとって社会的責任を果たす観点から必要かつ重要なことである。特に、公共性を有し、経済的に重要な機能を営む金融機関においては、金融機関自身や役職員のみならず、顧客等の様々なステークホルダーが被害を受けることを防止するため、反社会的勢力を金融取引から排除していくことが求められる。

　もとより金融機関として公共の信頼を維持し、業務の適切性及び健全性を確保するためには、反社会的勢力に対して屈することなく法令等に則して対応することが不可欠であり、金融機関においては、「企業が反社会的勢力による被害を防止するための指針について」（平成19年6月19日犯罪対策閣僚会議幹事会申合せ）の趣旨を踏まえ、平素より、反社会的勢力との関係遮断に向けた態勢整備に取り組む必要がある。

　特に、近時反社会的勢力の資金獲得活動が巧妙化しており、関係企業を使い通常の経済取引を装って巧みに取引関係を構築し、後々トラブルとなる事例も見られる。こうしたケースにおいては経営陣の断固たる対応、具体的な対応が必要である。

　なお、従業員の安全が脅かされる等不測の事態が危惧されることを口実に問題解決に向けた具体的な取組みを遅らせることは、かえって金融機関や役職員自身等への最終的な被害を大きくし得ることに留意する必要がある。

（参考）「企業が反社会的勢力による被害を防止するための指針について」（平成19年6月19日犯罪対策閣僚会議幹事会申合せ）
　　①　反社会的勢力による被害を防止するための基本原則
　　　　○組織としての対応
　　　　○外部専門機関との連携
　　　　○取引を含めた一切の関係遮断
　　　　○有事における民事と刑事の法的対応
　　　　○裏取引や資金提供の禁止

②　反社会的勢力のとらえ方

暴力、威力と詐欺的手法を駆使して経済的利益を追求する集団又は個人である「反社会的勢力」をとらえるに際しては、暴力団、暴力団関係企業、総会屋、社会運動標榜ゴロ、政治活動標榜ゴロ、特殊知能暴力集団等といった属性要件に着目するとともに、暴力的な要求行為、法的な責任を超えた不当な要求といった行為要件にも着目することが重要である（平成16年10月25日付警察庁次長通達「組織犯罪対策要綱」参照）。

Ⅲ－3－1－4－2　主な着眼点

反社会的勢力との関係を遮断するための態勢整備の検証については、個々の取引状況等を考慮しつつ、例えば以下のような点に留意することとする。

(1)　反社会的勢力とは一切の関係をもたず、反社会的勢力であることを知らずに関係を有してしまった場合には、相手方が反社会的勢力であると判明した時点で可能な限り速やかに関係を解消できるよう、以下の点に留意した取組みを行うこととしているか。

①　反社会的勢力との取引を未然に防止するための適切な事前審査の実施や必要に応じて契約書や取引約款に暴力団排除条項を導入するなど、反社会的勢力が取引先となることを防止すること。

②　定期的に自社株の取引状況や株主の属性情報等を確認するなど、株主情報の管理を適切に行うこと。

③　いかなる理由であれ、反社会的勢力であることが判明した場合には資金提供や不適切・異例な取引を行わないこと。

(2)　反社会的勢力による不当要求が発生した場合の対応を総括する部署（以下「反社会的勢力対応部署」という。）を整備し、反社会的勢力による被害を防止するための一元的な管理態勢が構築され、機能しているか。

特に、一元的な管理態勢の構築に当たっては、以下の点に十分留意しているか。

①　反社会的勢力による不当要求がなされた場合等に、当該情報を反社会的勢力対応部署へ報告・相談する体制となっているか。また、反社会的勢力対応部署において実際に反社会的勢力に対応する担当者の安全を確保し担当部署を支援する体制となっているか。

②　反社会的勢力対応部署において反社会的勢力に関する情報を積極的に収集・分析するとともに、当該情報を一元的に管理したデータベースを構築する体制となっているか。また、当該情報を取引先の審査や当該金融機関における株主の属性判断等を行う際に、活用する体制となっているか。

③　反社会的勢力対応部署において対応マニュアルの整備や継続的な研修活動、警察・暴力追放運動推進センター・弁護士等の外部専門機関と平素か

ら緊密な連携体制の構築が行われるなど、反社会的勢力との関係を遮断するための取組みの実効性を確保する体制となっているか。特に、日常時より警察とのパイプを強化し、組織的な連絡体制と問題発生時の協力体制を構築することにより、脅迫・暴力行為の危険性が高く緊急を要する場合には直ちに警察に通報する体制となっているか。
(3) 反社会的勢力から不当要求がなされた場合には、担当者や担当部署だけに任せることなく取締役等の経営陣が適切に関与し、組織として対応することとしているか。また、その際の対応は、以下の点に留意したものとなっているか。
　① 反社会的勢力により不当要求がなされた旨の情報が反社会的勢力対応部署を経由して速やかに取締役等の経営陣に報告され、経営陣の適切な指示・関与のもと対応を行うこと。
　② 積極的に警察・暴力追放運動推進センター・弁護士等の外部専門機関に相談するとともに、暴力追放運動推進センター等が示している不当要求対応要領等を踏まえた対応を行うこと。特に、脅迫・暴力行為の危険性が高く緊急を要する場合には直ちに警察に通報を行うこと。
　③ あらゆる民事上の法的対抗手段を講ずるとともに、積極的に被害届を提出するなど、刑事事件化も躊躇しない対応を行うこと。
(4) 反社会的勢力からの不当要求が、事業活動上の不祥事や従業員の不祥事を理由とする場合には、反社会的勢力対応部署の要請を受けて、不祥事案を担当する部署が速やかに事実関係を調査することとしているか。

Ⅲ－3－1－4－3　監督手法・対応
　検査結果、不祥事件等届出書等により、反社会的勢力との関係を遮断するための態勢に問題があると認められる場合には、必要に応じて法第24条に基づき報告を求め、当該報告を検証した結果、業務の健全性・適切性の観点から重大な問題があると認められる場合等には、法第26条に基づく業務改善命令の発出を検討するものとする。その際、反社会的勢力への資金提供や反社会的勢力との不適切な取引関係を認識しているにもかかわらず関係解消に向けた適切な対応が図られないなど、内部管理態勢が極めて脆弱であり、その内部管理態勢の改善等に専念させる必要があると認められるときは、法第26条に基づく業務改善に要する一定期間に限った業務の一部停止命令の発出を検討するものとする。
　また、反社会的勢力であることを認識しながら組織的に資金提供や不適切な取引関係を反復・継続するなど、重大性・悪質性が認められる法令違反又は公益を害する行為などに対しては、法第27条に基づく厳正な処分について検討するものとする。

資料編

●資料4　都道府県暴追センター連絡先一覧表

(2009年2月現在)

県名	組織名　住所	電話番号	FAX
全　国	(財)　全国暴力追放運動推進センター 〒102-0094 東京都千代田区紀尾井町3-29紀尾井町福田ビル1階	(03) 3288-2424	(03) 3239-0267
北海道	(財)　北海道暴力追放センター 〒060-0003 札幌市中央区北3条西18丁目道庁西18丁目別館内	(011) 614-5982	(011) 614-6841
青森県	(財)　暴力追放青森県民会議 〒030-0801 青森市新町2-2-7青銀新町ビル内	(017) 723-8930	(017) 723-8931
岩手県	(財)　岩手県暴力団追放県民会議 〒020-0022 盛岡市大通り1-2-1県産業会館サンビル内	(019) 624-8930	(019) 624-8930
宮城県	(財)　宮城県暴力団追放推進センター 〒980-0014 仙台市青葉区本町3-5-22宮城県管工事会館内	(022) 215-5050	(022) 215-5051
秋田県	(財)　暴力団壊滅秋田県民会議 〒010-0922 秋田市旭北栄町1-5秋田県社会福祉会館内	(018) 824-8989	(018) 824-8990
山形県	(財)　山形県暴力追放運動推進センター 〒990-0041 山形市緑町1-9-30	(023) 633-8930	(023) 676-4140
福島県	(財)　暴力団根絶福島県民会議 〒960-8115 福島市山下町5-28県警察県民サービスセンター内	(024) 533-8930	(024) 533-4287
茨城県	(財)　茨城県暴力追放推進センター 〒310-0011 水戸市三の丸1-5-38三の丸庁舎内	(029) 228-0893	(029) 233-2140
栃木県	(財)　栃木県暴力追放県民センター 〒320-0024 宇都宮市栄町5-7栃木県栄町別館内	(028) 627-2600	(028) 627-2996
群馬県	(財)　群馬県暴力追放県民会議 〒371-0836 前橋市江田町448-11県警察本部江田町庁舎内	(027) 254-1100	(027) 254-1100
埼玉県	(財)　埼玉県暴力追放・薬物乱用防止センター 〒330-8533 さいたま市浦和区高砂3-15-1県庁第2庁舎内	(048) 834-2140	(048) 833-2302
千葉県	(財)　千葉県暴力団追放県民会議 〒260-0013 千葉市中央区中央4-13-7千葉県酒造会館内	(043) 254-8930	(043) 227-7869
東京都	(財)　暴力団追放運動推進都民センター 〒101-0047 千代田区内神田1-1-5	(03) 3201-2424	(03) 5282-3724
神奈川県	(財)　神奈川県暴力追放推進センター 〒231-8403 横浜市中区海岸通2-4県警本部庁舎内	(045) 201-8930	(045) 663-8930
新潟県	(財)　新潟県暴力追放運動推進センター 〒950-0981 新潟市中央区堀之内32ＪＡ新潟市鳥屋野支店内	(025) 241-8110	(025) 241-8109

県名	組織名　住所	電話番号	FAX
山梨県	（財）山梨県暴力追放県民会議 〒400-0031 甲府市丸の内1-5-4恩賜林記念館内	(055) 227-5420	(055) 223-0110
長野県	（財）長野県暴力追放県民センター 〒380-8510 長野市大字南長野字幅下692-2県庁東舎内	(026) 235-2140	(026) 233-3741
静岡県	（財）静岡県暴力追放運動推進センター 〒422-8067 静岡市駿河区南町11-1静銀・中京銀静岡駅南ビル内	(054) 283-8930	(054) 283-8940
富山県	（財）富山県暴力追放運動推進センター 〒930-0005 富山市新桜町3-2	(076) 431-8930	(076) 444-7788
石川県	（財）暴力団追放石川県民会議 〒920-0962 金沢市広坂2-1-1石川県広坂庁舎館内	(076) 260-8930	(076) 260-4004
福井県	（財）福井県暴力追放センター 〒910-0003 福井市松本3-16-10県庁合同庁舎内	(0776) 28-1700	(0776) 28-1701
岐阜県	（財）岐阜県暴力追放推進センター 〒500-8384 岐阜市薮田南5-14-1	(058) 277-1613	(058) 277-1366
愛知県	（財）暴力追放愛知県民会議 〒460-0001 名古屋市中区三の丸2-1-1　県警本部内	(052) 953-3000	(052) 953-0099
三重県	（財）暴力追放三重県民センター 〒514-0004 津市栄町3-222ソシアビル内	(059) 229-2140	(059) 229-6900
滋賀県	（財）滋賀県暴力団追放推進センター 〒520-8501 大津市打出浜1-10　県警本部北棟内	(077) 525-8930	(077) 525-8930
京都府	（財）京都府暴力追放運動推進センター 〒602-8027 京都市上京区下立売通衣棚西入東立売町199-6	(075) 451-8930	(075) 451-0499
大阪府	（財）大阪府暴力追放推進センター 〒540-0012 大阪市中央区谷町2-3-1ターネンビルNo.2内	(06) 6946-8930	(06) 6946-8993
兵庫県	（財）暴力団追放兵庫県民センター 〒650-8510 神戸市中央区下山手通5-4-1県警本部庁舎内	(078) 362-8930	(078) 351-7930
奈良県	（財）奈良県暴力団追放県民センター 〒630-8131 奈良市大森町57-3奈良県農協会館内	(0742) 24-8374	(0742) 24-8375
和歌山県	（財）和歌山県暴力団追放県民センター 〒640-8150 和歌山市十三番丁30番地酒直ビル内	(073) 422-8930	(073) 422-5470
鳥取県	（財）暴力追放鳥取県民会議 〒680-0031 鳥取市本町3-201鳥取商工会議所内	(0857) 21-6413	(0857) 21-6413

資料編

県名	組織名　住所	電話番号	FAX
島根県	(財) 島根県暴力追放県民センター 〒690-0887 松江市殿町2番地県庁第二庁舎内	(0852) 21-8938	(0852) 21-8938
岡山県	(財) 岡山県暴力追放運動推進センター 〒700-0985 岡山市厚生町3-1-15岡山商工会議所ビル内	(086) 233-2140	(086) 234-5196
広島県	(財) 暴力追放広島県民会議 〒730-0011 広島市中区基町10-30農林庁舎内	(082) 228-5050	(082) 511-0111
山口県	(財) 山口県暴力追放県民会議 〒753-0072 山口市大手町2-40県警本部別館内	(083) 923-8930	(083) 923-8704
徳島県	(財) 徳島県暴力追放県民センター 〒770-0942 徳島市昭和町3-7　徳島酸素ビル内	(088) 656-0110	(088) 623-4972
香川県	(財) 香川県暴力追放運動推進センター 〒760-0026 高松市磨屋町5-9プラタ59ビル内	(087) 837-8889	(087) 823-2303
愛媛県	(財) 愛媛県暴力追放推進センター 〒790-0808 松山市若草町7県警第二庁舎内	(089) 932-8930	(089) 932-8930
高知県	(財) 暴力追放高知県民センター 〒780-0870 高知市本町2-3-31ＬＳビル3階	(088) 871-0002	(088) 871-0003
福岡県	(財) 福岡県暴力追放運動推進センター 〒812-0046 福岡市博多区吉塚本町13-50県吉塚合同庁舎内	(092) 651-8938	(092) 651-8988
佐賀県	(財) 佐賀県暴力追放運動推進センター 〒840-0833 佐賀市中の小路5-5	(0952) 23-9110	(0952) 23-9107
長崎県	(財) 長崎県暴力団追放運動推進センター 〒850-0033 長崎市万才町5-24ヒルサイド5ビル内	(095) 825-0893	(095) 825-0841
熊本県	(財) 熊本県暴力追放協議会 〒862-0950 熊本市水前寺6-35-4	(096) 382-0333	(096) 382-0346
大分県	(財) 暴力追放大分県民会議 〒870-0046 大分市荷揚町5-36大分県警察本部庁舎別館内	(097) 538-4704	(097) 536-6110
宮崎県	(財) 宮崎県暴力追放センター 〒880-0801 宮崎市宮田町13番16号県庁10号館内	(0985) 31-0893	(0985) 31-0894
鹿児島県	(財) 鹿児島県暴力追放運動推進センター 〒892-0838 鹿児島市新屋敷町16-301県公社ビル内	(099) 224-8601	(099) 224-8602
沖縄県	(財) 暴力団追放沖縄県民会議 〒900-0029 那覇市旭町7番地　サザンプラザ海邦内	(098) 868-0893	(098) 869-8930

全国暴力追放運動推進センター

【著者略歴】

森原　憲司（もりはら　けんじ）

〈弁護士資格〉
1992年　司法試験合格
1995年　弁護士登録

〈職歴〉
1995年　虎門中央法律事務所（代表弁護士今井和男）入所
2000年9月　アメリカンファミリー生命保険会社（アフラック）副法律顧問（企業内弁護士）就任
2001年4月　アフラック法務部長就任（法律顧問兼務）
2005年10月　森原憲司法律事務所開設

〈主な著書・論文等〉
「コンプライアンス態勢構築の実務」（リージョナルバンキング平成15年4月号）
「遵法経営を確立するコンプライアンス・プログラムの策定と運用の実務」（社団法人企業研究会研究叢書No.121）
「通報窓口設計の実務上の留意点について」（ＮＢＬ No.829）
「公益通報者保護法～これだけは押さえておきたい基本と運用ポイント」（ビジネスリスクマネジメント平成18年6月号）
「苦情・クレームへの対応とコンプライアンスの実践」（ＪＡ金融法務No.447）
「苦情・クレーム対応とコンプライアンス―ＣＳ主義の実践」（経済法令研究会）

反社会的勢力対策とコンプライアンス　―CSR主義の実践―

2009年3月20日	初版第1刷発行	著　者	森　原　憲　司
2009年6月1日	初版第2刷発行	発行者	下　平　晋一郎
2011年1月12日	初版第3刷発行	発行所	㈱経済法令研究会

〒162-8421　東京都新宿区市谷本村町3-21
電話　代表　03-3267-4811　制作　03-3267-4823

営業所／東京03（3267）4812　大阪06（6261）2911　名古屋052（332）3511　福岡092（411）0805

表紙デザイン／DTP室　制作／小野　忍　印刷／㈱加藤文明社

©Kenji Morihara 2011　Printed in Japan　　　　　ISBN978-4-7668-2158-1

"経済法令グループメールマガジン"配信ご登録のお勧め
当社グループが取り扱う書籍、通信講座、セミナー、検定試験情報等、皆様にお役立ていただける情報をお届け致します。下記ホームページのトップ画面からご登録いただけます。
☆　経済法令研究会　　http://www.khk.co.jp/　☆

定価は表紙に表示してあります。無断複製・転用等を禁じます。落丁・乱丁本はお取替えします。